Peter Tradowsky · Zeitschritte

PETER TRADOWSKY

Zeitschritte

Jahrhundertrückblick – Jahrhundertvorblick

VERLAG AM GOETHEANUM

Einbandgestaltung von Gabriela de Carvalho

Satz: Heiko Hanekop
Druck und Bindung: Freiburger Graphische Betriebe
ISBN 3-7235-1081-7

Sieghafter Geist
Durchflamme die Ohnmacht
Zaghafter Seelen,
Verbrenne die Ichsucht,
Entzünde das Mitleid,
Dass Selbstlosigkeit,
Der Lebensstrom der Menschheit,
Wallt als Quelle der geistigen Wiedergeburt.

Rudolf Steiner[1]

Inhalt

Vorbemerkung

Seit Jahrzehnten ist es in der Anthroposophischen Gesellschaft in Berlin üblich, dass am Silvesterabend ein Vortrag gehalten wird, erinnernd an den Goetheanum-Brand Silvester 1922 und eingehend auf die Zeitereignisse im Lichte der Anthroposophie. Es versteht sich von selbst, dass der Silvestervortrag 1999 ein besonderer zu sein hatte unter dem Titel: Jahrhundertrückblick – Jahrhundertvorblick. Getreu im Aufbau, aber stark erweitert im Umfang, wird dieser Vortrag hier wiedergegeben. Einzelheiten, die sich auf den Zeitpunkt des Vortrags bezogen, wurden absichtlich stehen gelassen, einiges wurde durch inzwischen Geschehenes ergänzt.

Die Wortlaute Rudolf Steiners, die im Vortrag nur sparsam benutzt wurden, werden hier ausführlicher gebracht, um der Gefahr der Verfälschung zu entgehen und um das Selbststudium der zum Teil zerstreuten oder entlegenen Originalstellen zu erleichtern. Dennoch sei ausdrücklich betont, dass das Studium der Aussagen im Zusammenhang mit dem ganzen Vortrag dadurch nicht ersetzt werden kann. Der zur Schrift gewordene Vortrag möchte einen Beitrag dazu leisten, als Zeitgenosse in der Gegenwart stehen zu können und zu einem spirituellen Verstehen der

Ereignisse zu kommen. Nicht zuletzt aber soll das Ich gestärkt und aufgerüttelt werden.

Berlin-Dahlem, Ostern 2000 *Peter Tradowsky*

Das Jahr 1999

Der Jahrhundertrückblick schließt einen Blick auf das Jahr 1999 ein, zumal einige Vorgänge symptomatisch für das Jahrhundert sind.

Zunächst wird das Jahr 1999 für viele in besonderer Erinnerung bleiben durch die in weiten Teilen Europas mehr oder weniger sichtbare Sonnenfinsternis, die stimmungsmäßig von vielen als Ausdruck der Situation am Jahrhundertende empfunden wurde. Diesem genau vorausberechneten kosmisch-irdischen Ereignis stehen zahlreiche unvermittelt eingetretene Naturkatastrophen gegenüber. Das Jahr 1999 ist ein Jahr der Naturkatastrophen. Erde, Wasser, Luft, Feuer, dazu Eis und Schnee haben sich in ihrer elementarischen Kraft menschenvernichtend gezeigt. Die Erdbeben im August in der Türkei und im September auf Taiwan, die sintflutartigen Regen in Indien und Venezuela, die Stürme in Oklahoma und Kansas und am Jahresende in Frankreich haben insgesamt Zehntausende von Menschen in den Tod gerissen und gewaltige, nur in Jahren auszugleichende Schäden angerichtet. Die Erde als lebendig-seelisch-geistiges Wesen hat wieder von der Menschheit einschneidende Opfer gefordert, die für den Einzelnen ein Unglück, einen Eingriff in das individuelle Schicksal darstellen. Das über den Einzelnen hereinbrechende Unglück ist in aller Regel nicht aus dem Vergangenheitskarma zu erklären, sondern allein durch das Zukunftskarma, durch die Ursachen, die in der Zukunft liegen. Diesen Gesichtspunkt zu ergreifen, erfordert aber die volle Sicherheit im Spirituellen, das Vertrauen auf die das Karma leitenden geistigen Wesen. Denn diese menschenfreundlichen Wesen haben sich die Aufgabe gestellt, im Gang der folgenden Erdenleben das Unglück in Glück für den einzelnen Menschen zu wandeln.[2] Das Zeitenschicksal ruft zu solchen nur in mutvollem Vertrauen zu ergreifenden Gedanken auf, der Schmerz der Opfer und ihrer Angehörigen wird gesteigert durch das Nichtwissen um dieses Schicksalsgeheimnis.

Die Menschenopfer durch die Naturkatastrophen ergeben sich aus einer tragischen Notwendigkeit. Der Erdorganismus als Ganzes reagiert auf die Taten beziehungsweise die Untaten der Menschheit als eines zusammengehörenden Ganzen. Das moralische Verhalten der Menschheit ruft die zerstörenden ahrimanischen Wesen und ihre Kräfte in der Erde auf, die als dienende Glieder das Unglück bringen müssen, um durch das Opfern der individuellen Schicksale den notwendigen Ausgleich zu bewirken. Die guten Götter sehen die Menschheit als eine Einheit an, deren Glieder notwendigerweise auch für das Ganze eintreten müssen. Diesen Zusammenhang bewusst aufrecht zu erhalten und sich den Opfern und ihren Angehörigen im Mitleiden verbunden zu fühlen, ist eine Konsequenz der spirituellen Situationserkenntnis.

Grundsätzlich sind die von dem Erdorganismus bewirkten Naturkatastrophen von denen zu unterscheiden, die durch die Technik als Anwendung der menschlichen Intelligenz hervorgerufen werden. Diese waren insgesamt gesehen im vergangenen Jahr weniger einschneidend, der Atomunfall in der japanischen Wiederaufbereitungsanlage in Tokaimura im September zeigte aber einmal mehr, wie menschliches Versagen gerade im Atomtechnikbereich unabsehbare Folgen zeitigen kann. Der Vorfall, der wie ein aufweckendes Warnsignal wirkte, wurde aber erfolgreich heruntergespielt, verdrängt und vergessen.

Im vergangenen Jahr spielten Kriege – wie im ganzen Jahrhundert – eine traurige Rolle als Ausdruck der Tatsache, dass es dem menschlichen Denken nicht gelungen ist, die spirituelle Sphäre zu ergreifen, die eine friedliche Lösung möglich macht. Meist ist das Denken beider Seiten in militärische Kategorien verstrickt, die sich als Macht-, Sicherheits- und Selbstbehauptungsstreben darstellen. Auf die spirituellen Hintergründe dieses Vorgangs wird später noch ein Licht fallen.

Europa war mit Recht zutiefst betroffen, als am 24. März der Kosovo-Krieg begonnen wurde, der erste Krieg in Europa seit 1945, der erste freilich nur, wenn man von den vielen bürgerkriegsartigen Auseinandersetzungen absieht. Wieder einmal zeigte sich, dass das offizielle strategisch-militärische Denken viel zu kurz greift. Obwohl man es besser wissen konnte und wissen mußte, gab man sich als Kriegsziel der gewaltigen Illusion hin, die offenbar von Milosevic befohlenen oder geduldeten Gräuel, das, was man mit dem verlogenen Unwort «ethnische Säuberung» nennt, und die Vertreibung der albanischen Kosovaren durch Luftschläge verhindern zu können. Eine realistische Einschätzung der Situation und ein Studium der seit Jahren vorliegenden Erfahrungen mit Milosevic hätte vor dieser Illusion bewahren können. Tatsächlich war man dann von dem einsetzenden, in die Hunderttausende gehenden Flüchtlingsstrom völlig überrascht und in einer unbegreiflichen Weise unvorbereitet. Nur ein großer Helferwille und der Sommer haben eine noch weitergehende Katastrophe verhindert. So verfehlte der bewusst begonnene Krieg sein Ziel und kam auch ansonsten nicht zu dem militärisch geforderten Ergebnis, nämlich der Zerschlagung der militärischen Macht Serbiens, wie sich beim Abzug der serbischen Truppen aus dem Kosovo in beinahe beschämender Weise zeigte.

Dass schließlich Gräuel und Vertreibung durch den Einmarsch und die Besetzung durch fremde Truppen im Auftrag der UN ein Ende bereitet werden konnte, dieser Erfolg sollte nicht über die Gründe hinwegtäuschen, durch die er zu Stande gekommen ist. Denn der militärische Druck auf Serbien hat dabei eine gewisse Rolle gespielt, entscheidender war, dass die russische Führung durch politische Einflußnahme und vor allem durch die Einsicht in die absolute finanzielle Abhängigkeit vom Westen dazu gebracht wurde, sich von der klassischen traditionellen Bindung an Serbien etwas zu lösen, weil es dazu keine Alternative mehr gab. Diese von der russischen Führung als demütigend empfundene Lage hat auf deren weiteres Verhalten einen tiefgehenden Einfluß.

Bei der Besetzung des Kosovo durch die sogenannten KFor-Truppen wurde als neues Ziel des beendeten Krieges und der Besetzung verkündet, dass ein multiethnisches Kosovo geschaffen werden sollte. Aber auch dieser Gedanke griff zu kurz. Die Verantwortlichen vor Ort und schließlich auch die UN mußten einsehen, dass dieses Ziel in absehbarer Zeit unerreichbar ist, weil Serben, Albaner, Sinti und Roma auf Grund der gegenseitig angetanen Leiden vorwiegend außer Stande sind, halbwegs friedlich miteinander zu leben. Der Nationalgedanke als Gruppenidentifikation triumphiert über den Blick auf den Menschenbruder; hier wie an vielen anderen Orten der Welt geht der Menschenbruder verloren, das innere Auge verdunkelt sich und kann den anderen Menschen als solchen nicht mehr schauen. Diese Tragödie der Menschheit zeigt überdeutlich die Lähmung des Ich, das als eine im Blut lebende Wesenheit an die materiell gebundenen, niederen Blutskräfte verfällt, weil es sich als eine geistig-autonome Wesenheit nicht erfassen und bestimmen kann. Der im Nationalismus wirkende Appell an die niederen Blutskräfte zeigt hier wie vieler Orts seine verheerenden Folgen. Jedenfalls ist im Kosovo die gegenseitige Gewaltbereitschaft im Ganzen gesehen nur durch die Anwesenheit einer starken, von außen kommenden Militärmacht im Zaum zu halten. Die Moral kann auch in einfachster Weise nicht mehr von innen getragen werden, sondern muß von außen militärisch gestützt, ja erzwungen werden. Eine menschenwürdige Zukunft kann nur geschaffen werden, wenn es zu einer geistigen Besinnung kommt. Dahin ist es aber wohl ein weiter und mühseliger Weg.

Die Geistesart, die in der Krieg führenden Nato wirkte, kam zum Vorschein in dem Wort «Kollateralschaden», das mit Recht zum Unwort des Jahres 1999 gekürt wurde. Denn durch diese Wortprägung, die zunächst weithin unverständlich war, sollte die Tatsache vernebelt und verschleiert werden, dass auch unschuldige Menschen – Kinder, Frauen, Flüchtlinge – durch die sogenannten Luftschläge getötet wurden. Der Versuch, durch ein Wort die furchtbare Wirklichkeit zu verdecken, ist für die Bewusstseinshaltung in diesem Krieg symptomatisch.

Seit Oktober mußte die Weltöffentlichkeit dann mit ohnmächtigem Schauder den Tschetschenien-Krieg miterleben. Die amtliche Erklärung des russischen Staates für diesen Krieg, der als antiterroristische Operation, ja – es geht einem kaum über die Lippen – als Kampf für Freiheit und Menschenrechte bezeichnet wird, lautet immer wieder, dass er eine Antwort auf die Terroranschläge auf die Wohnhäuser sein soll, die in Moskau und Wolgodansk viele hunderte Opfer gefordert haben. Der russische Staat hat aber nicht einmal den ernsthaften Versuch unternommen, den Beweis dafür anzutreten, dass tatsächlich Tschetschenen diese Terroranschläge verübt und zu verantworten haben. Abgesehen davon, dass es die Kollektivhaftung eines Volkes nicht geben kann, weiß jedermann, dass die Terroristen, wenn es denn tatsächlich Tschetschenen sein sollten, durch einen Krieg gewiss nicht zu fangen sind. Die Unglaubwürdigkeit und Sinnlosigkeit der angegebenen Gründe hat in der westlichen Öffentlichkeit zu dem furchtbaren Verdacht geführt, der russische Geheimdienst könnte selbst hinter den Terroranschlägen stecken. Das ist gewiss noch unbewiesen, unbestreitbar ist aber die Tatsache, dass die Terroranschläge – durch massive staatliche Propaganda geschickt gefördert – zu einem Stimmungsumschwung in der russischen Bevölkerung geführt haben. Der erste Tschetschenien-Krieg (1994 bis 1996) war denkbar unpopulär, und Alexander Lebed wurde zum Volkshelden, als es ihm gelang, ihn durch – freilich nicht tragfähige – Kompromisse zu beenden. Der jetzige Tschetschenien-Krieg hat dem gerade durch Boris

Jelzin ins Amt des Ministerpräsidenten berufenen Wladimir Putin zu seinem kometenhaften Aufstieg verholfen. Es kann die Frage bewegt werden, ob eine Karriere im Geheimdienst eine gute biographische Vorbereitung für eine Staatsführungsaufgabe sein kann. Jedenfalls ist es Putin in frappierender Weise mit Hilfe einer ungeheuren, vor nichts zurückschreckenden Propaganda gelungen, sich und den von ihm geführten Tschetschenien-Krieg populär zu machen. Die Methoden, die in der Propaganda-Schlacht für den Krieg und zugleich für die Duma-Wahl im Dezember angewandt wurden, werden selbst von hartgesottenen Profis der Werbebranche als «neue Dimension» bezeichnet. Die mit Hilfe von Korruption und Schiebung Reichgewordenen haben durch das staatlich kontrollierte Fernsehen einen zweifelhaften Erfolg errungen, Staats- und Finanzmacht haben sich vereinigt. Präsident Boris Jelzin hat zu Silvester Wladimir Putin überraschend zum Interimspräsidenten ernannt, diesen auf seinem Weg zum Präsidenten helfend, sich selbst vor der Verfolgung wegen Korruption rettend.

Wenn man die Frage aufwirft, welche Ziele Putin mit dem Krieg in Tschetschenien wirklich verfolgt, dann ist es wohl als erstes der zweifelhafte Versuch, der latenten Gefahr des Auseinanderbrechens des russischen Reiches zu verhindern, denn die Selbständigkeitsbestrebungen verschiedener Regionen sind nicht zu übersehen. Darüber hinaus ist zu bemerken, dass Putin – wie Bismarck bei der Reichsgründung 1871 durch den Deutsch-Französischen Krieg – die Prinzipien von Blut und Eisen befolgt. Er spricht den Nationalismus an und stützt sich auf das Militär, eins wie das andere ist in höchstem Maße fragwürdig, wenn man an die Entwicklung des russischen Volkes denkt. Es ist aber zu verstehen, dass der Verlust der Weltmachtstellung der Sowjetunion, die Auflösung dieses Riesenstaates, die herrschende Abhängigkeit vom westlichen Kapital, die offenkundige Schwäche der einst ruhmreichen Roten Armee von vielen Russen bisher nicht verkraftet werden konnte und Putin daher als eine Art Retter erscheint. Dadurch ist auch Putins freilich gewiss vergebliches Bestreben bedingt, die alte Weltmachtstellung der Sowjetunion für Rußland wieder zu gewinnen. Er will mit China im Verhältnis zu den USA eine multipolare Weltordnung schaffen, was angesichts der tatsächlichen alleinigen Weltherrschaft der USA nichts anderes als eine Illusion ist. Der Staat, den Putin durch das Streben nach einer Weltmachtstellung durch «Blut und Eisen» schaffen will, wird so wenig ein wirklich tragfähiges Gebilde sein wie der Staat, den Bismarck als Deutsches Reich 1871 schuf. Dieser Staat ging zu Grunde, weil ihm eine «aus dem Wesensinhalt der deutschen Volkheit entspringende Aufgabe»[3] fehlte, so wie dem jetzt sich bildenden russischen Staat eine wahrhafte, dem Russentum gemäße Aufgabe mangelt. Putin scheint nicht zu bemerken, dass die von ihm gespielte nationalistische und militaristische Karte in Wahrheit nicht eine russische, sondern letztlich doch eine vom Westen entlehnte ist. Beides wird noch verstärkt durch die Abhängigkeit vom Kapital des Westens. So wird man wohl einmal über ihn urteilen wie Golo Mann über Bismarck: «Bismarck zog den Erfolg an, aber nicht den Segen; es war im Grunde kein Segen über seinem Werk.»[4]

Die Menschenverachtung und Grausamkeit des Tschetschenien-Krieges wird noch durch seine Sinnlosigkeit gesteigert. Denn wenn die russischen Truppen einmal zu dem gekommen sein werden, was man einen militärischen Sieg nennt, durch den die Wahl Putins zum Präsidenten Russlands sichergestellt werden soll – was inzwischen geschehen ist –, so wird das nicht Frieden bedeuten, sondern – wie jedermann wissen kann – nur die Fortsetzung als Partisanenkampf und das Vertagen der Auseinandersetzung auf einen späteren Zeitpunkt.

Seit 1818 versuchten die Zaren, die Tschetschenen, die weder Russen noch Slawen noch in ihrer Mehrheit Christen sind, in den russischen Staatsverband einzugemeinden, was mit brutaler Gewalt auch gelungen ist. Dieser Geburtsfehler hat nie geheilt werden können und wird auch durch den jetzigen Krieg nicht korrigiert werden können. Der russische Staat will die Einheit des bestehenden Staates erhalten und seine geopolitische Stellung im Kaukasus nicht verlieren, das aber zeigt im weiteren nur die völlige Konzeptions- und Ideenlosigkeit im Hinblick auf die extrem verfahrene Situation. Durch die in Russland offenbar weit verbreitete Verblendung, der Krieg könne die Probleme lösen, kann nicht realisiert werden, dass der Krieg – trotz aller gegenteiligen Erklärungen – doch auch ein Krieg zwischen den sich Christen Nennenden und den Muslimen ist. Innerhalb der sich in einem neuen Aufbruch befindenden mohammedanischen Welt regt sich in dem radikalen Fundamentalismus eine Geistesart, die in ihrem Streben nach dem Gottesstaat, der Einheit von religiöser und staatlicher Macht, für die übrige Welt in dem neuen Jahrhundert eine zunehmende Gefahr darstellen wird. Da sich diese Gefahr aus einem hier zunächst nicht zu beurteilenden Geistesimpuls ergibt, kann ihr letztlich durch kein äußeres Mittel wie wirtschaftliche oder kriegerische Macht begegnet werden, sondern nur durch einen neuen geistigen Impuls der Gestaltung der Gesellschaft, wie er in der Dreigliederung des sozialen Organismus gegeben ist. Es ist ein fundamentaler Irrtum, wenn im Westen geglaubt wird, den Geisteskampf durch wirtschaftliche Mittel führen zu können. Gerade dieser Glaube ruft die Verachtung, den Widerstand, die Kampfbereitschaft hervor, aber der Westen – und in diesem Sinne vertritt Russland den Westen – verfällt auf die äußere Macht, weil er einen für die Zukunft fruchtbaren und heilsamen Geistes-Impuls dem nicht entgegen stellen kann. Die alles zerstörende Kraft des Krieges ergibt sich aus dem Sturz von der Geistesebene, weil es unmöglich geworden ist, den Geisteskampf mit Mitteln zu führen, die aus der realen, gegenwärtigen geistigen Welt geholt werden. Den äußeren Katastrophen geht die Katastrophe des Geisteslebens voraus, und diese sind nicht auf ihrem eigenen, sondern nur auf dem ihnen zu Grunde liegenden Feld zu überwinden.

Die Opfer, die durch Kriege und kriegsähnliche Zustände Millionen von Menschen durch Tod und unermessliche Leiden auferlegt wurden, sind eine Art von Ausgleich für die nicht erarbeitete, nicht errungene Wirksamkeit des Geistes. Die Verleugnung der Wirksamkeit des lebendigen Geistes ist der wahre Grund der weltweiten Kriegskatastrophen, wobei die mit den Kriegen in Verbindung stehende allseitige ungeheure Verlogenheit eine wesentliche Rolle spielt. Rudolf Steiner ist nicht müde geworden, auf die Ohnmacht des Geisteslebens als das Grundübel aller gesellschaftlichen Konflikte hinzuweisen. Wie dieses Geistesleben zu verstehen ist, wird an späterer Stelle verdeutlicht werden.

In jeder Stunde ist es eine Aufgabe, wenigstens das Bewusstsein des Mitleids mit den unzähligen Opfern der gesellschaftlichen Menschheitskatastrophe aufrecht zu erhalten. Die Flüchtlinge, Heimatlosen, Obdachlosen, Vertriebenen, Verfolgten, Gequälten, Geschundenen, die Traumatisierten, Verletzten und Sterbenden rufen in ihrem Leiden immer wieder dazu auf, dieses von Menschen zu verantwortende Elend nicht zu vergessen. Die geschundene Menschheit mahnt unerbittlich an den verratenen Geist.

Ein in diesem Zusammenhang die Aufmerksamkeit besonders in Anspruch nehmendes Zeitsymptom ist die staatlich angewandte Folter. In zahlreichen Staaten wird die Folter von Staats wegen als Verhör- oder Druckmittel angewandt. Dabei darf nicht vergessen werden, dass diese Staaten sich alle durch die feierliche Annahme der UN-Menschenrechtskonvention verpflichtet haben, die Folter nicht anzuwenden. Die Vertreter der staatlichen Gewalt werden durch diesen Machtbesitz offenkundig dazu verführt, die elementare Menschlichkeit außer Acht zu lassen. Mit kaum noch zu überbietender Frivolität stellt sich dieser ungeheure Widerspruch von Anspruch und Wirklichkeit in der Öffentlichkeit dar. Man bemerkt dabei im Allgemeinen nicht, wie durch diese unglaubliche Heuchelei der Staatsmacht die Glaubwürdigkeit entzogen wird. Die Folter ist nicht nur eine eklatante Verletzung der Menschenwürde, sie ist vor allem, wenn man Angaben Rudolf Steiners zuspitzt, «das ABC der Schwarzen Magie»[5]. Die bewusste und absichtliche Verletzung eines Menschen, um dessen Willen zu brechen, die damit verbundene mehr oder weniger starke Lustempfindung an der Qual des Opfers, erschließt dämonische Abgrundkräfte, die die Seele des Täters besetzen. Die Realität geistiger Wesen, deren Intuitionen auf die Zerstörung des Menschen gerichtet sind, kann auf diese Weise erfahren werden.[6]

In diesem Zusammenhang ist es immerhin bemerkenswert, dass das israelische Verfassungsgericht jüngst entschieden hat, dass die Folter in den Fällen als legitim anzusehen ist, in denen durch die Folterung eines Mitwissers ein Terroranschlag verhindert werden kann. Die Entscheidung hat auch in Israel eine heftige öffentliche Diskussion um das Menschenrecht ausgelöst. Aber abgesehen davon, ist damit doch ein Tor aufgestoßen worden, insofern dem Staat – unter gewissen Auflagen – das Recht zu einer Menschenrechtsverletzung eingeräumt wird. Der darin stekkende Widersinn ist nicht zu übersehen.

Das israelische Verfassungsgericht war aufgerufen worden wegen des Todes eines Palästinensers, der durch die Schüttelfolter zu Tode gekommen war. Bei dieser Folter wird der Kopf des Opfers extrem geschüttelt, um ihn dadurch zum Sprechen zu bringen. Das vollkommen Fragwürdige einer solchen Folterung wird deutlich, wenn man bedenkt, dass keineswegs sicher sein kann, ob der Gefolterte überhaupt etwas Sachdienliches aussagen kann.

Die sich in jeder Folter vollziehende Zerstörung der Menschenwürde weist deutlich auf die im Hintergrund stehende Ich-feindliche Gewalt hin, die dadurch Einfluß nimmt auf den gesamten gesellschaftlichen Prozess.

Eine weitere Erscheinung, die das Jahr 1999 charakterisiert, ist die Korruption. Sie spielt anerkannter Weise weltweit gesellschaftlich eine bestimmende Rolle. Sie scheint untrennbar mit der jetzigen Gesellschaftsform verbunden zu sein. Zu ihrem Wesen gehört, dass sozusagen immer nur die Spitze des Eisbergs sichtbar wird. Das Jahr 1999 hat einige Spitzen grell erscheinen lassen. Aus der wahrlich erschütternden Vielzahl sei nur an einige Beispiele erinnert.

Im März mußte die gesamte EU-Kommission, sozusagen die Regierung der EU, zurücktreten, wie es hieß, wegen Korruption, Misswirtschaft und Unfähigkeit. Dieser kollektive Rücktritt sollte einige besonders schwarze Schafe schützen, kam aber doch einer Kapitulation gleich. In Russland ist die Korruption systemimmanent und hat unter anderem dazu geführt, dass nach seriösen Angaben über 40 Milliarden Dollar ins Ausland verschoben wurden, das Fluchtkapital soll sogar 150 Milliarden Dollar betragen.[7] Die Korruption ist natürlich nur unter Beteiligung der Staatsführung möglich. Für die in diesem Zusammenhang gemachten Staatsschulden muß das russische Volk in den nächsten Jahrzehnten aufkommen.

Im Dezember mußte der deutsche Altbundeskanzler Kohl öffentlich die Existenz schwarzer Kassen und die Annahme anonymer Barspenden eingestehen. Der offenkundige Verfassungs- und Gesetzesbruch wurde mit einem gegebenen Ehrenwort gerechtfertigt, das von einem Doktor der Jurisprudenz und vereidigten Bundeskanzler nur im Bewusstsein der Rechtswidrigkeit gegeben werden konnte. Die Katastrophe für die öffentliche Moral – falls es diese noch geben sollte – wird nicht wahrgenommen, das Erstaunlichste bleibt die offen zur Schau gestellte völlige Einsichtslosigkeit in das eigene Vergehen. In einer nicht hinzunehmenden Begriffsverdrehung wird von einem «Fehler» gesprochen, der entschuldigt und verantwortet wird, wobei wiederum das Wort «Verantwortung» nur eine Worthülse ist. Indem man einen «Fehler» einräumt und um Entschuldigung bittet, will man sich selbst freisprechen. Die Frage nach der Persönlichkeits- und Gesellschaftsstruktur, die so etwas möglich macht, ist unausweichlich. Die Bundesrepublik Deutschland steht wohl vor dem größten Politskandal ihrer Geschichte.

Wenn zunächst die Frage nach der Persönlichkeitsstruktur aufgeworfen wird, die ein solches Verhalten möglich und verständlich macht, so steht wohl im Vordergrund die Erhaltung der eigenen, einmal gewonnenen Macht durch Geld. Die Macht besetzt und korrumpiert die Persönlichkeit, ein tiefer Riß geht durch sie, der im Bewusstsein nicht realisiert wird, moralischer Anspruch und eigenes Tun fallen auseinander, ein Phänomen, das später noch weitergehend beleuchtet wird. Es kommt in der Machtbesessenheit zu einer mehr oder weniger pathologischen Überschätzung der eigenen Person, die von dem Herrschen nicht mehr oder nur schwer lassen kann. Nicht selten stellt sich das Gefühl der Unabkömmlichkeit ein, ein unberechtigtes Sendungsbewusstsein beherrscht die Person. Der konkrete Bezug zu den Menschen und Dingen geht verloren, man spinnt sich – ohne es wahrhaben zu wollen – in eine Scheinwelt ein. Ein Symptom dafür ist das in vielen Fällen zu beobachtende Streben nach immer weiterem Reichtum, das zum Selbstzweck wird. Die Deformierung des Ich durch Macht und Geld macht die Korruption erst möglich.

Dabei ist immer wieder mit Erschrecken zu beobachten, wie sich ein Mensch durch das Ausüben der staatlichen Macht verändert. Diese Veränderung und die tiefe Spaltung der Persönlichkeit wird auch dadurch sichtbar, dass fast immer die Kraft fehlt, zu den vollbrachten Taten zu stehen. Nicht selten werden diese in der groteskesten

Weise geleugnet, wodurch deutlich wird, dass die Seelenkräfte nicht mehr zusammenhalten. Sehr leicht kommt es auch dazu, dass der Täter sich als Opfer oder Verfolgter fühlt.

Auf das Gegenbild sei wenigstens kurz hingewiesen, um die Gründe der Persönlichkeitsverirrung zu charakterisieren. Eine öffentliche Aufgabe kann nicht durch Macht, sondern nur durch Dienen erfüllt werden. Dieses vielleicht schon altmodisch klingende Wort bezeichnet das Bewusstsein des Ich, das im Dienen eine konkrete Aufgabe erfüllt, das sich aus dem menschlichen Umkreis, nicht aus dem eigenen Machtstreben bestimmen lässt.

Trotz einer uferlosen Literatur ist bisher allzu wenig bekannt geworden, dass Goethe als Staatsmann und Politiker das gelebte Vorbild ist. Er hat überall die Überspannung des Ich durch den stets konkreten Bezug auf Menschen, Dinge und Situationen vermieden, von ihm könnte gelernt werden, wie einer Gemeinschaft gedient werden kann, wie Ekkehart Krippendorf in seinem sehr lesenswerten Buch «Goethe, Politik gegen den Zeitgeist» dargelegt hat.[8] An Goethes ganzem politischen Verhalten und Handeln kann deutlich werden, dass nicht – wie immer wieder ablenkend suggeriert wird – menschliche Schwäche und unabänderliche Machtstrukturen, sondern durchaus die Ansätze und Ziele des politischen Handelns für die Verwirrungen des Ich wesentlich mitverantwortlich sind. Es muß erkannt werden, dass das heute herrschende gesellschaftliche System das Menschen-Ich nicht fördert, sondern in vielfältiger Weise verführt. Von dieser Tatsache versuchen alle diejenigen abzulenken, die das bestehende System ungeprüft erhalten wollen.

Denn es muß mit Entschiedenheit darauf hingewiesen werden, dass solche Verirrungen wie Korruption ihren Grund nicht zuletzt darin haben, dass der Einheitsstaat den führenden Staatsdienern ein Übermaß an Macht verleiht, das geeignet ist, das menschliche Ich total zu überfordern. Solange nicht erkannt werden kann, dass der soziale Organismus in Wirklichkeit ein dreigegliederter ist, solange kann nicht realisiert werden, dass er in schwerster Weise dadurch erkrankt ist, dass das wirtschaftliche und das staatliche System sich in schädlicher, zerstörender Weise aufeinander beziehen. Die Wirtschaft ist abhängig von der Politik, die Politik des Staates von der Wirtschaft. Die überfordernde Machtfülle ergibt sich aus dem Zusammenwirken von Staat und Wirtschaft, die Korruption ist der Ausdruck für das Ungesunde, Zerstörende dieses Zusammenschlusses.

Hinzu kommt, dass das dritte Glied des sozialen Organismus, das Rudolf Steiner einmal die «geistige Produktion» nannte, gelähmt, ohnmächtig, von den anderen beiden Systemen weitgehend aufgesogen ist.[9] Der Ausdruck «geistige Produktion» deutet darauf hin, dass dem sozialen Organismus immerdar durch die Ich-Tätigkeit von Menschen neue Kräfte aus der Wirklichkeit der geistigen Welt zugeführt werden müssen. Das kann nur in innerer Freiheit, in gesellschaftlicher Unabhängigkeit von Staat und Wirtschaft geschehen. Wiederum zeigt sich die Ohnmacht des Geisteslebens als Grundübel der modernen Gesellschaft. Die dem ganzen sozialen Organismus mangelnde Kraft der «geistigen Produktion» zeigt sich krass in dem allenthalben beklagten Fehlen der moralischen oder ethischen Werte, in dem Werteverlust. Werte aber können wirksam im Menschen nur entstehen durch die Anwesenheit des Geistes im Ich, durch die «geistige Produktion».

Das 20. Jahrhundert ist das erste Jahrhundert der Anthroposophie. Am 29. September 1900, am Michaelstag, hielt Rudolf Steiner seinen ersten anthroposophischen Vortrag. Rudolf Steiner konnte diesen Vortrag halten, weil er bei einem vorigen Vortrag bemerkt hatte, «dass innerhalb der Zuhörerschaft Persönlichkeiten mit großem Interesse für die Geisteswelt waren». Er hielt dann einen Vortrag über «Goethes geheime Offenbarung». «Und in diesem Vortrag wurde ich in Anknüpfung an das Märchen ganz esoterisch. Es war ein wichtiges Erlebnis für mich, in Worten, die aus der Geisteswelt heraus geprägt waren, sprechen zu können, nachdem ich bisher in meiner Berliner Zeit durch die Verhältnisse gezwungen war, das Geistige nur durch meine Darstellungen durchleuchten zu lassen.»[10]

Damit begann die Geheimwissenschaft, die Geisteswissenschaft, die Anthroposophie öffentlich hervorzutreten. In gewisser Hinsicht ist es ein Wiederauftreten, denn die Geheimwissenschaft hat es – wie Rudolf Steiner oft erwähnt hat – immer gegeben, in ihr standen zum Beispiel Johannes der Evangelist oder Paulus darinnen. In anderer Hinsicht ist aber das Hervortreten der Anthroposophie etwas Neues, das originell zum 20. Jahrhundert gehört, nicht nur, weil dadurch das Ende des 5000-jährigen Kali

Yuga, des Finsteren Zeitalters, markiert wird, sondern vor allem, weil die Anthroposophie aus der Zeit heraus geboren ist und zu der Zeit sprechen will. Das wird insbesondere durch das Werk «Wie erlangt man Erkenntnisse höherer Welten?» (1904) deutlich, das sich an jedermann wendet, weil in jedem Menschen höhere, spirituelle Fähigkeiten schlummern, die durch Schulung und Entwicklung geweckt werden können. Damit ist zweifellos etwas Neues gegeben, denn die Geheimwissenschaft, die Wissenschaft von dem Geheimen, Verborgenen, Okkulten, wurde früher in den Mysterien gehütet und von einem auserwählten Kreis von Menschen gepflegt. Die Zeiten haben sich aber tiefgehend geändert, und jetzt, im Zeitalter des Bewusstwerdens, tritt die Anthroposophie in das volle Licht der Öffentlichkeit, sie ist – wie jede Wissenschaft – im Prinzip für jeden Menschen zugänglich. Die Anthroposophie ist ein Signum des 20. Jahrhunderts, sie ist aus den Untergründen der Geistesentwicklung – wie sich zeigen wird – eine Notwendigkeit, zugleich aber etwas, das den heftigsten Widerstand hervorruft, weil die alte Welt durch sie grundsätzlich in Frage gestellt wird. So tobt im Hintergrund der Geschichte des 20. Jahrhunderts – aber deutlich wahrnehmbar – ein ungeheurer Geisteskampf.

Im Kern ist dieser Geisteskampf durch das Mittelpunkt-Ereignis des 20. Jahrhunderts gegeben, durch «das Ereignis der Christus-Erscheinung in der ätherischen Welt»[11]. Besonders im Jahre 1910, aber gelegentlich immer wieder, hat Rudolf Steiner auf diese Wiederkunft Christi hingewiesen. Wie Johannes der Täufer die Erscheinung und die Inkarnation Christi in Jesus von Nazareth vorbereitet hat, so hat Rudolf Steiner in der Geisteswissenschaft das Instrument bereitet, dieses Zentralereignis des 20. Jahrhunderts kennen, verstehen und würdigen zu lernen. Ohne die Anthroposophie wäre das Ereignis als solches gewiss auch eingetreten, aber es hätte nicht erfasst werden können. Dazu bedurfte es der Geisteswissenschaft, die als erste Wissenschaft frei ist von den Wirkungen Luzifers und Ahrimans und die dadurch das geeignete Instrument ist, das Christus-Ereignis des 20. Jahrhunderts zu erfassen. Man kann auch sagen, dass die Geisteswissenschaft als Vorverkündigung dieses Ereignisses selbst untrennbar zu diesem Ereignis gehört.

Das Zentrum des Widerstandes ist durch die Tatsache gegeben, dass die Wiederkunft Christi mit Notwendigkeit auch den Antichrist auf den Plan ruft, das Menschen-Ich in dieses Geistesringen hineinstellend. Dadurch werden die Abgründe, die Schrecknisse, die Verwirrungen im 20. Jahrhundert verständlicher. Jeder, der sich mit diesen Vorgängen erkenntnismäßig auseinandersetzt, wird tief dankbar empfinden, dass sich allein durch die Geisteswissenschaft ein Weg eröffnet, das schier Unbegreifliche der Gräuel des 20. Jahrhunderts verstehen zu lernen.

Das 20. Jahrhundert ist aber auch zugleich das erste vollendete Jahrhundert der Zeitgeist-Michael-Herrschaft, die im Jahr 1879 begonnen hat. Die 21 Jahre vor der Jahrhundertwende stellen im Leben Rudolf Steiners und für die Entwicklung der Geisteswissenschaft eine wesentliche Vorbereitungsphase dar, weil in dieser Zeit Rudolf Steiner die erkenntnistheoretischen und erkenntniswissenschaftlichen Grundlagen für die Geisteswissenschaft geschaffen hat. Im Denken als einer Ich-durchdrungenen geistigen Tätigkeit wird das Instrument erkannt, das so geschult, geläutert und verlebendigt werden kann, dass es zum Gefäß für die spirituellen Inhalte der Geisteswissenschaft werden kann. Die Begriffe und Ideen können im Denken so erlebt werden, dass sie als die Gestalten erscheinen, in denen die geistigen Wesen auftreten.[12] Das Denken wird zu der Willensbewegung, die diese Gestalten erfasst und die Beziehungen zwischen diesen ergreift. Das von den spirituellen Gedanken befruchtete Denken führt zum bewussten Darinnenstehen des Ich in der geistigen Welt. Auf diese Weise steht das Ich als denkendes Wesen in der geistigen Welt, es bereitet sich durch das Denken für die Zukunft, das heißt konkret in einer späteren Inkarnation, ein Ich-getragenes Schauen der geistigen Welt vor. Der Wissenschaftscharakter der Geisteswissenschaft ist durch diese Stellung des Ich als einer bewussten, prüfenden und sich selbst kontrollierenden Wesenheit bestimmt. Auf die Bedeutung des Denkens für das Verstehen der Geisteswissenschaft hat Rudolf Steiner vielfach hingewiesen, grundsätzlich besonders in der «Geheimwissenschaft».

Zur Signatur des Michael-Zeitalters gehören drei Impulse, die den spirituellen Charakter des Zeitalters wesentlich bestimmen, die aber von den Zeitgenossen vorwiegend in ihrem Gegenteil erlebt werden. In der Gegenwart ist Michael als Sonnengeist ein Taggeist, das heißt, er hat den Impuls, alles ins helle Licht des Bewusstseins treten zu lassen, vornehmlich das Bewusstsein der geistigen Welt und ihrer Wesen für den Menschen aufleuchten zu lassen. In größtem Stile ist die Bewusstwerdungstendenz etwas, das von dem Ich Mut und Stärke erfordert, um das ertragen zu können, was erkennbar wird, wenn die Schleier fallen, wenn die Binde von den Augen genommen wird. Michael ist der Geist, der das Menschen-Ich zum Erwachen für den Geist aufruft.

Auf psychologischem Felde ist diese Bewusstwerdungstendenz vielfach zu beobachten, sie ist auf diesem Gebiete dann förderlich und heilsam, wenn die bewusst werdenden psychischen Phänomene spirituell gedeutet werden können. Ein moderner Drachenkampf spielt sich ab, wenn der Weckruf der gewaltigen Einschläferungs- und Verdrängungskraft begegnet. Das weitgehende Nichtaufwachenkönnen gegenüber der Wirklichkeit der geistigen Welt zeigt, wie dieser Kampf steht. Dennoch ergeht dieser Weckruf des spirituellen Zeitgeistes immerdar weiterhin an das Menschen-Ich.

Mit diesem Bewusstseinsimpuls steht in enger Beziehung ein anderer, nämlich der Freiheitsimpuls. Michael ist ein Liebhaber der menschlichen Freiheit. Das muss im michaelischen Sinne verstanden werden. Das neuzeitliche Denken hat sich im Intellekt weit von seinem spirituellen Ursprung entfernt, es hat sich aus den geistigen Bindungen gelöst, der Mensch ist in diesem Denken ganz frei geworden. Nur noch wie an einem dünnen Faden hängt das intellektuelle Denken mit der geistigen Welt zusammen. Diese gegenwärtige Situation musste notwendig eintreten, um dem Menschen die Möglichkeit zu geben, in Freiheit diesen Faden zu ergreifen oder auch ihn zu zertrennen und das intellektuelle Denken dadurch zum Werkzeug des Bösen zu machen. Dieser Vorgang ist im Übermaß in der Zeitgeschichte zu beobachten und wird erst auf diesem Hintergrund verständlich. Das völlig losgelöste Denken ist wirklichkeitsfremd, mitleidlos, menschenblind. Michael ist der Geist, der auf die Entscheidung des Menschen-Ich für den Geist wartet, ohne zu beeinflussen oder einzugreifen. Der dadurch bestimmte Charakter wird vielfach nicht erfasst. Mancher meint, die Gottheit müsste doch angesichts der fürchterlichen Leiden der Menschen eingreifen. Die Konsequenz des michaelischen Freiheitsimpulses erfordert aber die Entscheidungen des Menschen zu respektieren.

Ein dritter Impuls des Zeitgeistes Michael besteht darin, sich in erster Linie an das menschliche Ich zu wenden, das heißt auf das allen Menschen gemeinsame Geistige den Blick zu richten. Das Ich als geistige Wesenheit lebt zwar in der Inkarnation – wie schon das Wort sagt – im Fleisch, im Blut, aber es darf zu seinem Heile niemals vergessen, dass es nicht aus dem Blut stammt. Somit wird die Tendenz des Michael-Zeitalters verständlich, über alles Völkische, Nationalistische, Rassische, letztlich alles Gruppenhafte hinauszukommen. Und wiederum wird deutlich, welcher Kampf von den niederen, erdgebundenen Blutskräften durch das Völkische, Nationalistische, Rassische gegen den Zeitgeist geführt wird. Die schlimmsten Gräuel sind gerade durch diesen Sturz in die Sonderung der Blutsgemeinschaften entstanden, und sie werden weiterhin kommen, wenn nicht genügend viele Iche in ihrer Geistigkeit erwachen.

Der auf das Ich des Menschen gerichtete Impuls des Zeitgeistes kann auch der kosmopolitische genannt werden. Er umgreift insofern die Menschheit und die Erde, er ist der Kulturimpuls des Weltbürgertums. Dieser Impuls tritt als solcher nur wenig hervor. Um so stärker ist der Wirtschaftsimpuls der Globalisierung geworden, durch die der kosmopolitische Impuls konterkariert wird. Denn man muss nicht gegen die Weltwirtschaft sein, um zu erkennen, dass die Globalisierung nicht gerade dem spirituellen Zeitgeist dient, worauf später noch eingegangen wird.

Ein weiterer Vorgang, der auf das 20. Jahrhundert insgesamt einen tiefgehenden Einfluss hatte und weiter hat, ist der sogenannte Schwellengang der Menschheit[13]. Dieser Schwellengang der Menschheit vollzieht sich aus geistiger Gesetzmäßigkeit mit Notwendigkeit so, dass er sich zunächst im Unbewussten, in den Seelentiefen abspielt. Durch den Schwellengang tritt die Menschheit zu der geistigen Welt in ein neues Verhältnis. Die schon erwähnten spirituellen Vorgänge sind auch dadurch mitbedingt beziehungsweise überhaupt erst möglich. Dieser Schwellengang ist zwar seinsmäßig eine Realität, er wird aber bewusstseinsmäßig bestenfalls anfänglich als solcher ergriffen. Die Menschheit ist in eine neue Welt eingetreten, die alte ist – wie vielfach mit Recht empfunden wurde – mit dem Ersten Weltkrieg untergegangen. Das ganze 20. Jahrhundert zeigt, dass die Menschheit gegenüber dieser Tatsache nicht aufzuwachen vermochte, nur Einzelne und kleine Gemeinschaften konnten das mehr oder weniger leisten. Die Situation, gegenüber der spirituellen Tatsache nicht aufwachen zu können, hatte schwerwiegende Folgen. Es ist hier auf eine Art geistiges Gesetz hinzuweisen, das sich für jeden unmittelbar bestätigt, der die Vorgänge unbefangen betrachtet. Wenn eine spirituelle Möglichkeit – gemäß dem Charakter des Michael-Zeitalters – nicht in Freiheit bewusst gemacht und willentlich ergriffen werden kann, dann verkehrt sich das Fortschreitende und Heilsame ins Gegenteil und zeitigt fatale Folgen. Dass das 20. Jahrhundert das weitaus blutigste der bekannten Geschichte ist, drückt diese Tatsache in furchtbarer Weise aus. Das Blutvergießen ist zuallermeist Ergebnis und Ende eines nicht vollzogenen, gescheiterten Bewusstwerdungsprozesses. Der nach wie vor herrschende Agnostizismus ist der Grund, weswegen der Schwellengang nicht bewusstseinsmäßig fruchtbar realisiert werden konnte.

Die katastrophalen Folgen des nicht bewusstseinsmäßig realisierten Schwellenganges werden noch verständlicher, wenn man berücksichtigt, dass beim Überschreiten der Schwelle zur geistigen Welt der Mensch den widerstrebenden, verführenden, menschenfeindlichen Wesen, kurz dem Bösen, in Realität begegnen muß. Diese Begegnung ist durch Selbsterkenntnis heilsam und öffnet das Tor zu den menschenfreundlichen, menschenfördernden Wesen, wenn sie in Bewusstseinsklarheit vollzogen werden kann, sie ist verderblich, stürzt in den Abgrund und führt zur Herrschaft des Bösen, wenn dies nicht der Fall ist. Die Geschichte des 20. Jahrhunderts könnte ein Lehrstück sein, sich durch das zu erkennende reale Wirken der bösen Mächte von der Realität der geistigen Welt zu überzeugen und dadurch in ein fruchtbares Verhältnis zu den guten Wesen zu kommen. Dies sollte nicht so missverstanden werden, dass es irgendeine menschliche Verantwortung aufhebt.

Der Schwellengang führt aber im Menschlichen wie im Sozialen noch zu einer weiteren schwerwiegenden Konsequenz. Da die geistige Welt eine trinitarisch aufgebaute ist, kann der Mensch in ihr nur als Dreiheit existieren. In der Praxis heißt das, dass sich die Einheit von Denken, Fühlen und Wollen löst und eine Dreiheit von dem Ich zusammengehalten und geführt werden muß. Da diese Aufgabe für das Ich eine außerordentliche und neue Herausforderung darstellt, kann es nicht verwundern, dass diese Aufgabe nur mehr oder weniger erfüllt werden kann. Im Grunde verlangt auch hier der Schwellengang eine echte spirituelle Schulung des Ich. Insofern diese mangelt, verselbständigen sich die Seelenglieder und lassen einen sinnvollen Zusammenhang vermissen. Besonders krass ist der Gegensatz von Denken und Wollen zu beobachten, das vermittelnde Gefühl tritt in den Hintergrund oder verselbständigt sich. Das intellektualisierte Denken, das als Vorstellungsleben die Welt nur noch als Bild, als Schein erfährt, hat den Zusammenhang mit dem Wollen, mit Handeln und Tun weitgehend verloren. Überall ist in der Gegenwart die Tendenz zu beobachten, dass Vorstellen und Wollen auseinanderfallen. Das kann jedermann nicht zuletzt an sich selbst bemerken, nur ist dabei zu berücksichtigen, dass man sich über diese Tatsache leicht einer Täuschung hingibt, was wiederum nur Ausdruck der Situation ist. Im wachsenden Verlangen nach einer immer perfekteren virtuellen Welt kommt dieser Hang des Vorstellens deutlich zum Vorschein. Das öffentliche wie das private Leben ist von der Tragik dieses Auseinanderfallens beherrscht. Golo Mann hat aus anderen Voraussetzungen von dem Realitätsverlust als epidemischer Menschheitskrankheit gesprochen. Diese Feststellung eines aufmerksamen Kultur- und Geschichtsbeobachters wird auf dem Hintergrund des Schwellenganges und der Trennung der Seelenglieder erst voll verständlich. Der Realitätsverlust führt im Großen wie im Kleinen zu Täuschung über Täuschung. Das Gedachte wurzelt so wenig in der Wirklichkeit, dass es sich nur selten verwirklichen kann. Das wird schon weithin als kein Problem mehr angesehen, sondern als normal hingenommen. Im politischen Leben wird der Realitätsverlust in geradezu grotesker Weise aus dem Bewusstsein verdrängt.

Aber nicht nur im privaten und persönlichen Leben hinterlässt der nicht bewusst bewältigte Schwellengang seine deutlichen Spuren. Die allenthalben zu beobachtende Systemkrise der Staaten hat ihren tieferen Grund darin, dass der nach wie vor herrschende Einheitsstaat seine Struktur aus einer Bewusstseinsform ableitet, die in den vorchristlichen Mysterienkulturen wurzelt. In der Formel «Von Gottes Gnaden» klingt noch die Autorität nach, die den Herrschenden ihre Macht verlieh, die sie befähigte, von einem zentralen Punkt aus alle Bereiche des Gemeinwesens zu beherrschen. Diese Struktur, die letztlich archaisch-vorchristlich ist, ist erhalten geblieben, auch wenn heute die Macht von Gnaden der Demokratie verliehen wird. Diese Struktur des Einheitsstaates, die leicht durch ihre Machtfülle den Machthaber als Menschen verführt oder deformiert, hat durch sich selbst immer die Tendenz, zur totalen, diktatorischen Herrschaft zu führen. Diese Tendenz realisiert sich gegenwärtig in den zahlreichen Militärdiktaturen und pseudodemokratischen Regimen und in den Demokratien zu der unübersehbaren Neigung zum Machtmissbrauch. Das einheitsstaatliche Machtprinzip überfordert grundsätzlich den Menschen.

Die Probleme des Einheitsstaates haben sich im Laufe des 20. Jahrhunderts dadurch noch wesentlich verstärkt, dass in den demokratischen Staaten die Parteien die Staatsstruktur vollkommen aufgenommen haben. So ist der Parteienstaat entstanden, in dem sich die Einheitsstaatsstruktur verfestigt hat. Die Parteien durchsetzen – wie der Staat selbst – fast die ganze Gesellschaft, sie laufen sozusagen parallel zur Staatsstruktur. Die Einheitsstaatsstruktur, die als solche in der heutigen Gesellschaft durchaus nicht in Zweifel gezogen wird – sie ist geradezu ein nicht zu hinterfragendes Axiom –, steht nun in einem geradezu schreienden Gegensatz zu der Wirklichkeit, in der die Menschheit durch den Schwellengang eingetreten ist. Die Menschheit steht – unbewusst – in dem trinitarischen Aufbau der geistigen Welt darinnen. Heilsam und fruchtbar kann diese Situation für die Menschheit nur werden, wenn sie als solche bewusst erfasst und ihr in der Gestaltung der Gesellschaft Rechnung getragen wird.

Die Dreigliederung des sozialen Organismus ist die notwendige Antwort auf den Schwellengang der Menschheit. Die Gliederung des sozialen Organismus muss der neu eingetretenen Lage gerecht werden. Auf diese tiefere Begründung des Impulses der Dreigliederung des sozialen Organismus hat Rudolf Steiner verschiedentlich hingewiesen, besonders eindrucksvoll durch den Hinweis auf den Hüter der Schwelle – über den gleich weiteres gesagt wird –, den er in einem Vortrag so zu der Menschheit sprechen lässt: «Gliedere auseinander dasjenige, was in chaotischer Einheit in dem Götzen Staat verflochten war bis heute, gliedere das auseinander in ein geistiges Gebilde, in ein Rechtsstaatsgebilde, in ein Wirtschaftsgebiet. – Sonst kommt die Menschheit nicht weiter, sonst birst auseinander, fällt auseinander das alte Chaos. Dann aber, wenn es auseinanderfällt, wird es nicht die für die Menschheit notwendige Gestalt haben, sondern eine ahrimanische oder luziferische Gestalt, während ihm die Christus gemäße Gestalt allein die aus der Geisteswissenschaft heraus erfolgende Erkenntnis von dem Schwellengang in der Gegenwart geben kann.»[14]

Dass diese «Christus gemäße Gestalt» des sozialen Organismus von der Menschheit nicht hat geschaffen werden können, das hat das 20. Jahrhundert zum blutigsten in der Geschichte gemacht. Denn die ungeheuerlichen Ausbrüche von Gewalt und Zerstörung sind nur möglich geworden, weil die im Einheitsstaat sich steigernde Machtfülle nicht durch eine Gliederung, das heißt auch durch Trennung entschieden vermindert werden konnte. Bisher ist wenig erkannt worden, dass die Dreigliederung des sozialen Organismus auch ein Weg zur radikalen Beschränkung von Macht ist. Durch die Überwindung des dekadenten Machtprinzips können sich die gesundenden Christus-Kräfte dem sozialen Organismus mitteilen. Zugleich wird dadurch das geradezu fanatische Festhalten an dem antiquierten Machtprinzip verständlich, das die Kräfte des Streits, der Gewalt, des Krieges anzieht. Der Einheitsstaat ist durch seine Machtstruktur im eminentesten Sinne antichristlich, er ist zudem – vorausgreifend sei es gesagt – «der Weg zu der ahrimanischen Inkarnation»[15]. Hier wird nochmal die Gefährdung jeder Person deutlich, die es mit der staatlichen Machtfülle zu tun hat. Zwar individuell, aber unverkennbar nistet sich die Macht so in die Seele ein, dass ihr Wirken nicht mehr durchschaut wird. Das intensive Streben nach dem Machterhalt ist die unausbleibliche Folge.

Wie die Menschheit, so steht der Einzelne vor dem Hüter der Schwelle. Die Notwendigkeit einer solchen Gestalt kann man sich leicht klarmachen. Zu unterschiedlich ist die von dem gewöhnlichen Verstandesbewusstsein beherrschte Welt von der geistigen, als dass ein Hinüber oder Herüber ohne weiteres möglich wäre. Wenn sich die förderlichen Kräfte der geistigen Welt nicht in ihr Gegenteil verkehren sollen, dann muss das Ich die Prüfung durch den Hüter der Schwelle bestehen, um bewusst und in angemessener Reife in der geistigen Welt drinnen stehen zu können.

Wie wenig unsere Zivilisation der Begegnung mit dem Hüter der Schwelle geneigt ist, ja wie sie ihr im wesentlichen widerstrebt, kann durch eine Beobachtung gegenwärtiger seelischer Verhaltensweisen deutlich werden. Der amerikanische Kulturkritiker Robert Bly hat in seinem Buch «Die kindliche Gesellschaft. Über die Weigerung, erwachsen zu werden» den weitverbreiteten und sich immer weiter ausbreitenden Infantilismus als einen beherrschenden Zug insbesondere der amerikanischen und amerikanisch geprägten Zivilisation dargestellt.[16] Diese und andere psychologische Darstellungen zusammenfassend, hat Uwe Oltmann (Berlin) den Infantilismus durch die Victimisierung und den Narzissmus zu einer die Seelenlage unzähliger Menschen charakterisierenden Dreiheit erweitert. Unter Victimisierung kann man die Haltung verstehen, sich immer als Opfer zu fühlen, anzusehen. Die unbewusst, ungeklärt dahinter stehende Lebensauffassung besagt natürlich, daß man von der – menschlichen wie sachlichen – Umgebung ungerecht behandelt wird, eben zum Opfer gemacht wird. Durch diese Orientierung auf die Umwelt wird von der Seele Lahmheit und Einsichtslosigkeit geradezu perfekt verdeckt. Die Seele betäubt sich, indem sie glaubt, vollständig von der Außenwelt bestimmt zu sein. Die Kurzfassung dieser Haltung liegt in dem von Jugendlichen immer wieder – halb scherzhaft, halb ernsthaft – gebrauchten Wort: «Immer ich.»

Im Narzissmus kommt die gegenteilige Haltung zum Tragen. Der Mensch sieht sich – mehr oder weniger bewusst – als alleinigen Mittelpunkt der Welt. In der Seele lebt verborgen die Auffassung: Ich bin der Schönste, Größte, Wichtigste. Dieser latente Größenwahnsinn wird nicht bewusst realisiert, führt aber zur Rechtfertigung eines ziemlich uferlosen Subjektivismus. An Stelle der geistigen Suche nach einer objektiven Wahrheit tritt der Glaube, dass jeder seine Wahrheit haben könne, was wiederum die Quelle des Relativismus und der Beliebigkeit ist. So ist psychologisch die gemeinsame, Menschen verbindende Wahrheit verloren gegangen.

Im Infantilismus zeigt sich eine Eigenschaft, die sich im Laufe des Lebens vom Sinnvollen zum Sinnlosen verkehrt. Das kleine Kind in den ersten Lebensjahren kann in der Hingabe an die Geist-getragene Leibesentwicklung sozusagen in vollen Zügen alles sinnlich Dargebotene genießen. Das Kind erwirbt sich die den Menschen konstituierenden Fähigkeiten des Gehens, Sprechens, Denkens in einem unbewussten Lernprozess, der als Schicksal-bestimmter und -bestimmender Aufbauvorgang nicht wiederholbar ist. Zudem ist diese Menschwerdung Ausdruck des Wirkens des Christus-Impulses im Zusammenhang mit den geistigen Hierarchien.[17] Das Kind kann und muss diesen ihm unbewussten Vorgang freudig genießen, dies um so mehr, als seinem Genuss der Selbstbezug fehlt.

Für den Erwachsenen bedeutet das Verlangen nach der größten sinnlichen Lust das genaue Gegenteil. Der Leib des Erwachsenen befindet sich nicht mehr in einem Aufbauprozess, sondern mehr oder weniger in einem Abbau, in einer Sklerotisierung. Zudem wird der Leib als Stütze des Bewusstseins empfunden. Vor allem aber steigert sich das Persönlichkeitsgefühl durch die bewusst gesuchte und erlebte Lust. Im Infantilismus verfällt die Seele, die sich von der kindlichen Situation nicht lösen kann, in ihrem Lustverlangen den Körperprozessen. Statt der durch die Selbsterziehung notwendigen Emanzipation von dem Animalischen kommt es zu dessen Dominanz.

Zu diesem psychologischen Bild des modernen Menschen stellt nun die Begegnung mit dem Hüter der Schwelle das genaue Gegenteil dar. In dem Menschen, der sich der Schwelle der geistigen Welt nähert und vor dem Hüter der Schwelle steht, muss das Bewusstsein erwachsen, dass er vor der trinitarischen geistigen Welt als der Wahrheitswelt steht, die von dem Menschen keine Unwahrheit duldet. Das führt dazu, dass der Mensch lernen muss, die geistige Wahrheit höher zu stellen als sich selbst, das heißt mit anderen Worten, sich selbst zu opfern. Immerdar verlangt der Hüter der Schwelle von dem Menschen, dass er die eigenen Unwahrheiten, die ganze Summe des Subjektivismus der Wahrheit des Geistes zum Opfer bringt. Die Begegnung mit dem Hüter der Schwelle, die ein Läuterungsvorgang ist, bereitet dem Menschen daher viele Schmerzen, deren Ertragen ihn erst in die geistige Welt hineinstellt.

Der Hüter der Schwelle zeigt im weiteren dem vor ihm stehenden Menschen sein Ebenbild, die Gestalt, in der er zunächst von der geistigen Welt, von den Göttern angeschaut, erscheint. Dieser Anblick ist für den Menschen niederschmetternd, er muss all seine Kraft zusammen nehmen, um in seinem Ich aufrecht stehen zu bleiben. Das

Niederschmetternde dieses Anblicks rührt daher, dass der moderne Mensch sich intensiv in eine Welt verstrickt hat, die götterfern ist.

Auch wenn es eine notwendige Entwicklungsbedingung ist, so ändert das doch nichts an der Tatsache, dass der Mensch erst ein anderer werden muss, wenn er bewusst und würdig in die geistige Welt eintreten will. Nicht der Hüter der Schwelle fügt dem Menschen Schmerz zu, sondern das einschneidende Schmerzerlebnis ergibt sich aus dem wirklich durchgeführten Akt der Selbsterkenntnis. Der Mensch wird von aller Überheblichkeit, von allem Größenwahn gründlich geheilt durch die Erfahrung der eigenen Nichtigkeit, der Nullität. Durch Schulung und Übung muss der Mensch in Freiheit das erzeugen, was ihn befähigt, die Prüfung durch den Hüter der Schwelle zu bestehen. Beispielhaft erfährt Faust am Beginne seines Erkenntnisweges in der von ihm erzwungenen Begegnung mit dem Erdgeist, einem Schwellenvorgang, dass er vor diesem nichts anderes «als ein furchtsam weggekrümmter Wurm ist» (Goethe, Faust I, Erstes Studierzimmer).

Gegenüber dem Infantilismus, dem Verlangen nach der höchsten sinnlichen Lust, ist der Weg des Menschen-Ich hinein in die geistige Welt, sozusagen hindurch durch den Hüter der Schwelle, ein wachsendes Bewusstwerden für die geistige Wirklichkeit und ihre Tatsachen. Dieses Bewusstwerden ist aber nicht ein Lust-, sondern ein Schmerzvorgang. Das Hineinwachsen in die geistige Welt ist verbunden mit geistig-seelischen Schmerzen, weil der höhere Mensch in diesen Schmerzen geboren wird und weil diese das Bewusstsein steigern. Dazu gehört auch, dass der Mensch ein positives, bejahendes Verhältnis zu den ihm auferlegten Leiden gewinnen kann. Vorbildlich ist dies von Victor E. Frankl ausgesprochen und vor allem erlebt und vollzogen worden: «Aber nicht nur schöpferisches und genießendes Leben hat einen Sinn, sondern: *wenn Leben überhaupt einen Sinn hat, dann muss auch Leiden einen Sinn haben.* Gehört doch das Leiden zum Leben irgendwie dazu – genau so wie das Schicksal und das Sterben. Not und Tod machen das menschliche Dasein erst zu einem Ganzen.»[18] Auch wenn Victor E. Frankl das so nicht ausgesprochen hat, so darf man doch wohl sagen, dass er ein leuchtendes Beispiel dafür ist, was ein Mensch an Helfendem, Heilendem, Förderndem gewinnen kann, wenn er die Prüfung durch den Hüter der Schwelle erlebnismäßig wie in einer Lebenseinweihung besteht. Die Erfahrung der geistigen Welt erlöst den Menschen von dem Egoismus, dem er als Wesen verfallen muss, das sich allein dem irdisch-materiellen Dasein zuwendet.

Rückblick auf den Beginn des 20. Jahrhunderts

Schaut man rund 100 Jahre zurück, so bemerkt man äußerlich in Mitteleuropa die glänzenden Kaiserreiche. Ein besonderer Repräsentant des deutschen Kaiserreiches war der in Berlin residierende Hohenzollern-Kaiser Wilhelm II. In ihm aber kommt die Scheinhaftigkeit der Zeit beispielhaft zur Geltung, Glanz und Gloria blenden ihn selbst und weithin den Umkreis. Sein unübertreffbarer Hang zu Uniformen (er soll an die 500 in seinem Ankleidezimmer gehabt haben) bringt die ungeheure Wertschätzung des Militärs zum Ausdruck. Der Hauptmann von Köpenick gibt diesen fatalen Hang wenige Jahre später dem Gelächter der Welt preis. Die Geschichte selbst bringt eine Real-Entlarvung zustande. Das Lachen bleibt folgenlos, was später dazu führt, dass einem das Lachen vergeht.

Kaiser Wilhelm II. als Repräsentant des Reiches – und mit ihm die ganze Führung – ist nicht in der Lage, die Situation wirklichkeitsgemäß zu erfassen: die zur Lösung drängende soziale Frage, die politisch-militärischen Machtkonstellationen, die Ohnmacht des Zeitgeistes gegenüber den gestellten Aufgaben. Die Hohlheit kann die Hohlheit nicht sehen. So bemerken die Kinder der Zeit nicht, dass diese Gesellschaft dem Untergang geweiht ist, dass der Tod ihr droht. In dieser gewaltigen Illusion wird sie vom Ersten

Weltkrieg überrascht. Nur wenige und allzu wenige haben hinter der glänzenden Fassade das lebensunfähige Gebilde gesehen: Nietzsche, Morgenstern, Rudolf Steiner. Schon oben wurde erwähnt, dass dem Deutschen Reich eine «aus dem Wesensinhalt der deutschen Volkheit entspringende Aufgabe» fehlte, was der tiefere Grund des Untergangs von Reich und Monarchie war.

Wenn man sich für die Gegenwart die Frage vorlegt, wie es in diesem Sinne mit der Bundesrepublik Deutschland bestellt ist, so kann die Antwort nur lauten, dass einerseits geradezu verblüffende Veränderungen eingetreten sind, dass andererseits aber eine tragfähige spirituelle Lebensgrundlage für das Gemeinwesen gegenwärtig ebenso wenig vorhanden ist wie vor dem Ersten Weltkrieg. Es sollte keine Täuschung darüber herrschen, dass die gegenwärtige Gesellschaftsstruktur zwar dem Zeitgeist entspricht, der im Gegensatz zu dem wahren Zeitgeist steht, dass diese aber Zerstörung und Tod in sich trägt. Die Gegenwart ist beherrscht vom Dämon der Zeit. Für die Bundesrepublik ist dies dadurch von besonderem Gewicht, da die Möglichkeit einer Besinnung und Erneuerung bei der Wende 1989/90 verspielt wurde. Es ist bezeichnend, dass die wesentlichen Entscheidungen sowohl von Seiten der Regierung als auch von der Seite der Bevölkerung durch das Geld gefallen sind.

Rudolf Steiner hat als Zeitgenosse des Wilhelminischen Kaiserreiches vor dem Ersten Weltkrieg dessen Hohlheit nicht direkt angesprochen, verschiedene grundsätzliche Darstellungen über damals aktuelle gesellschaftliche Fragen lassen aber erkennen, wie er die Lage beurteilte. Es ist nun erstaunlich zu bemerken, dass die damals angesprochenen Probleme nichts an Aktualität verloren haben, ja man muss betroffen feststellen, dass sie an Aktualität gewonnen haben, was ein bezeichnendes Licht auf den – damals wie heute – nicht radikal genug bemerkten katastrophalen Zustand der Gesellschaft wirft. An drei Beispielen soll das erläutert werden.

Am 12. Oktober 1905 hat Rudolf Steiner im Berliner Architektenhaus einen Vortrag gehalten über: «Unsere Weltlage. Krieg, Frieden und die Wissenschaft des Geistes.» In diesem öffentlichen Vortrag weist Rudolf Steiner anhand von damals aktuellen Beispielen auf die Friedenssehnsucht, auf die verschiedenen Friedensbestrebungen hin. Dennoch gehen die die Wirtschaftskraft der Völker verzehrenden Rüstungen weiter, und es konnte der Krieg nicht verhindert werden. Eine Kluft tut sich auf, die nicht überbrückt werden kann. Alle Friedensbestrebungen erweisen sich gegenüber dem Willen zum Krieg als ohnmächtig. Woran liegt das? Dazu müssen wir «wirklich einen Blick in die menschliche Seele und ihre Grundkräfte hinein tun, wenn wir die ganze Sache richtig beurteilen wollen»[19]. Dieser tiefere Blick zeigt, «dass manches anders wäre in der Welt, wenn es ohne weiteres möglich wäre, die Begierden, Wünsche und Leidenschaften nach den Grundsätzen des Herzens und Verstandes zu regeln. Das ist nämlich nicht möglich, sondern das Umgekehrte ist bis jetzt in der Menschheit immer dagewesen. Was die Leidenschaft will, was die Begierde verlangt, dazu schafft der Verstand, dazu schafft selbst das Herz eine Maske mit seinem Idealismus.» Die darin angedeutete Polarität in der Seele führt dazu, dass diese leicht dazu verführt wird, ob des Idealismus die Begierde zu vergessen. Die im Untergrund der Seele wirkende Begierde hat ihre – scheinbare – Rechtfertigung durch den Gedanken des Kampfes ums Dasein gewonnen, der zwar ursprünglich nicht aus der Naturwissenschaft stammt, von dieser aber aufgegriffen und vor allem mit großem Aufwand zu beweisen versucht wurde. Akzeptiert und unterstützt von zahlreichen Naturforschern wurde der Darwinismus zur beherrschenden Ansicht. «Und diese Anschauung entspricht nicht einer bloßen Idee, sondern den modernen Lebensgestaltungen. Bis in die Verhältnisse des Einzelnen ist in der Form der allgemeinen wirtschaftlichen Konkurrenz dieser Kampf ums Dasein zur tatsächlichen Wirklichkeit geworden.»

Rudolf Steiner wirft aber nun die Frage auf, ob der Kampf ums Dasein sich wirklich als eine Tatsache durch die Beobachtung der Natur zeigen lässt. Er kann auf zwei Naturforscher verweisen, die das Gegenteil dargestellt haben: Keßler und Kropotkin. Keßler ist es gewesen, der 1880 zuerst einen Vortrag gehalten hat «über das Prinzip der gegenseitigen Hilfe in der Natur. Für alle diejenigen, welche solche Dinge ernsthaft anfassen, geht von der Forschung und wissenschaftlichen Reife, welche damit angeregt wird, ein ganz neuer Zug aus. Hier wurden zum erstenmal in der neueren Zeit Tatsachen aus der ganzen Natur zusammengestellt, die beweisen, dass alle früheren Theorien über den Kampf ums Dasein mit der Wirklichkeit nicht übereinstimmen.» Keßler hat ausgeführt, «dass die tierischen Arten, die tierischen Gruppen sich nicht entwickeln durch den Kampf ums Dasein, es in Wahrheit einen Kampf ums Dasein nur ausnahmsweise zwischen zwei Arten gibt, nicht aber in der Art selbst, deren Individuen sich im Gegenteil Hilfe leisten, und dass die Arten am dauerhaftesten sind, deren Individuen am meisten veranlagt sind zu solcher gegenseitigen Hilfe. Nicht Kampf, sondern gegenseitige Hilfe gewährt lange Existenz.» Dieser neue Gesichtspunkt, das Prinzip der gegenseitigen Hilfeleistung, wurde dann von Kropotkin in einem Buch aufgegriffen und weitergeführt, das «eine Summe von Begriffen und Vorstellungen in den Menschen hinein (bringt), die eine Schule sind für den Aufstieg zu einer spirituellen Gesinnung». Nicht die Natur kann dafür in Anspruch genommen werden, den Gedanken des Kampfes ums Dasein zu begründen. Dieser Gedanke kommt allein aus dem Menschen, der sich freilich in Selbsterkenntnis gestehen müsste, dass er aus dem ungeläuterten Triebleben als eine Menschen zerstörende Kraft aufsteigt. Diese Selbsterkenntnis hat man sich dadurch erspart, dass man sozusagen die Natur vor den Blick in den eigenen Abgrund gestellt hat. Auf diese Weise ist der Kampf ums Dasein weithin zu einer – scheinbar – naturbedingten Selbstverständlichkeit geworden, ja er wird nach wie vor von vielen als ein Fortschrittsprinzip geradezu gefeiert. Er ist nicht nur ein Grund für Krieg, Streit und Gewalt, wobei die Kriege sich auch innerhalb des Wirtschaftslebens abspielen, er durchsetzt meist unbemerkt und unbewusst die Seele bis in ihre intimsten Bereiche. So wurzeln Krieg und Unfrieden schier unausrottbar in der menschlichen Seele, so lange, bis diese bemerkt, dass der Kampf ums Dasein eine notwendige Entwicklungsstufe der menschlichen Individualentwicklung ist. Die Entwicklung aber muss weitergehen, Stillstand wäre Rückschritt und Verleugnung der Gesamtentwicklung. Dennoch ist die Krise der modernen Menschheit an dieser Stelle nicht zu übersehen, die ihren Grund darin hat, dass der nächste, notwendige Schritt das Betreten eines neuen Bodens erfordert. Denn nur durch eine das Innerste des Menschen ergreifende Kraft können Schritte in die Zukunft getan werden. Diese Wandlungskraft kann sich der Mensch durch die Geisteswissenschaft aneignen, und die Geisteswissenschaft wird im Menschen erst wirklich, indem sich diese Wandlung in ihm vollzieht. Das ist der Weg, der das Individuum aus der Selbstbezogenheit herausführt, der es hinleitet zu dem Verbindenden, das Rudolf Steiner die «gemeinschaftliche Seele» nennt. Der Unfriede sitzt so tief im Menschen, dass derjenige, der den Frieden wirklich erstrebt, in einem umfassenden und tiefgehenden Sinne an sich selbst arbeiten muss. Auf die notwendigen Bedingungen, um dieses weitgespannte Zukunftsziel durch die Geisteswissenschaft zu erreichen, hat Rudolf Steiner in abschließenden Sätzen hingewiesen:

«Das ist die große Errungenschaft für unsere Seele, die wir aus der spirituellen Entwicklung uns aneignen, daß wir in Wahrheit erkennen die gemeinschaftliche Seele, welche das ganze Menschengeschlecht durchzieht, die Einheit in der ganzen Menschheit, die wir nicht als unbewußtes Geschenk empfangen, sondern die wir uns bewußt erringen müssen. Diese einheitliche Seele im ganzen Menschengeschlecht wahrhaft und wirklich zu entwickeln, das ist die Aufgabe der geisteswissenschaftlichen Weltanschauung. Das spricht sich in unserem Grundsatz aus: einen Bruderbund zu gründen über die ganze Erde hin, ohne Rücksicht auf Rasse, Geschlecht, Farbe und so weiter. Das ist die Anerkennung der Seele, die der ganzen Menschheit gemeinsam ist. Bis in die Leidenschaften hinein muß die Läuterung stattfinden, die es dem Menschen selbstverständlich macht, daß in seinem Bruder die gleiche Seele lebt. Im Physischen sind wir getrennt, im Seelischen sind wir eine Einheit als Ich des Menschengeschlechtes. Aber nur im wahren wirklichen Leben können wir das erfassen und uns da hineinfinden. Daher kann es nur die Pflege spirituellen Lebens sein, welche uns durchdringt mit dem gemeinschaftlichen Hauch dieser einheitlichen Seele. Nicht die gegenwärtigen Menschen mit ihren Grundsätzen, sondern die Zukunftsmenschen, welche immer mehr das Bewußtsein für diese Einheitsseele entwickeln, die werden es sein, die den Grund zu einem neuen Geschlecht, zu einer neuen Rasse legen, die in gegenseitiger Hilfe ganz aufgeht. Daher besagt unser erster Grundsatz etwas ganz anderes, als was sonst gewöhnlich gesagt wurde. Wir kämpfen nicht, wir bekämpfen auch nicht den Krieg oder etwas anderes, weil der Kampf überhaupt nicht zur höheren Entwickelung führt. Aus dem Kampf heraus hat sich jede Tierart als eine besondere Rasse entwickelt. Überlassen Sie allen Kampf um uns herum den Bissigen, die noch nicht reif genug sind, das aufzusuchen, was die gemeinschaftliche Seele im Menschengeschlecht im spirituellen Leben aufsucht.

Eine wirkliche Friedensgesellschaft ist eine solche, die nach Geist-Erkenntnis strebt, und die wirkliche Friedensbewegung ist die geisteswissenschaftliche Strömung. Sie ist die Friedensbewegung, so wie in der Praxis einzig und allein eine Friedensbewegung sein kann, weil sie ausgeht auf das, was im Menschen lebt und der Zukunft entgegengeht.»[20]

Noch deutlicher als vor knapp hundert Jahren kann gefühlt werden, dass die Gründe für Krieg, Streit und Unfrieden nur durch eine intensive Seelenarbeit überwunden werden können. Freilich muss festgehalten werden, dass sich immer wieder zeigt, wie schwer es in der Gegenwart wird, durch das Studium der Geisteswissenschaft diese Seelenarbeit wirklich zu leisten. Diese über die Individualentwicklung hinausgehende Arbeit bleibt aber dennoch die Aufgabe, die durch die Ziele der Geisteswissenschaft jedem gestellt ist, der die Geisteswissenschaft ergreifen will.

Aus anderen spirituellen Voraussetzungen hat Gandhi im vergangenen Jahrhundert die physische Gewaltlosigkeit gepredigt, er war sich aber bewusst, dass die Gewaltlosigkeit im Fühlen und Denken beginnen muss, was eine spirituelle Selbsterziehungsarbeit erfordert. Es ist symptomatisch für die zweite Hälfte des 20. Jahrhunderts, dass Gandhis Impuls zwar vielfach bewundert, aber immer weniger ergriffen wird.

Schon vor dem Ersten Weltkrieg hat Rudolf Steiner in vielen Vorträgen immer wieder auf die ungelöste soziale Frage hingewiesen, die wesentlich zum Ersten Weltkrieg und zum Untergang der alten Welt Europas beigetragen hat. Die technischen Erfindungen und Entwicklungen haben im 19. Jahrhundert eine neue Klasse, die Proletarier, entstehen lassen, und sie haben den modernen Kapitalismus nach sich gezogen. Aufbau und Ausbau der Industrie haben zu schlimmen, menschenunwürdigen Zuständen geführt. Weithin wird geglaubt, dass man nur die Zustände zu ändern brauche, um dem Menschen ein menschenwürdiges Dasein zu schaffen. Die Zustände aber gehen darauf zurück, wie von Menschen gedacht, gefühlt, gewollt worden ist. Die katastrophalen Zustände des Proletariats waren somit die notwendige Folge des materialistischen Denkens, das vom Menschen nur die Arbeitskraft für den billigsten

Lohn haben will. Da der Mensch Leib, Seele und Geist in sich trägt, so geht eine solche Anschauung in Wahrheit an ihm vorbei, sie kann das Zusammenleben der Menschen konsequenterweise nicht seiner Ganzheit entsprechend gestalten. So gewinnt die Seelenkraft Oberhand, die sich aus dem Leibesbezug des Menschen sozusagen natürlich ergibt, der Egoismus.

Als Ergebnis der Geisteswissenschaft, die die Ganzheit des Menschen in der spirituellen Wirklichkeit erfasst, spricht Rudolf Steiner den Satz aus, «daß Not, Elend und Leid nichts anderes sind als eine Folge des Egoismus. Wie ein Naturgesetz haben wir diesen Satz aufzufassen, nicht so, daß etwa bei einem einzelnen Menschen, wenn er egoistisch ist, immer Not und Leid eintreten müssen, sondern daß das Leid – vielleicht an einem ganz andern Orte – doch mit diesem Egoismus zusammenhängt. Wie Ursache und Wirkung, hängt der Egoismus mit Not und Leid zusammen. Der Egoismus führt im Menschenleben, in der sozialen Menschenordnung, zum Kampf ums Dasein. Der Kampf ums Dasein ist der eigentliche Ausgangspunkt für Not und Leid, sofern sie sozial sind.»[21]

Damals – wie heute – war die Aufstellung dieses Gesetzes etwas, das nur Kopfschütteln und Ablehnung erregen konnte, da man doch den Egoismus fast unangefochten als wesentlichen Arbeitsantrieb ansieht. Rudolf Steiner aber führt den Gedanken noch weiter: «Es ist ganz natürlich, daß der Mensch für seine Arbeit entlohnt wird, daß der Mensch den Ertrag seiner Arbeit persönlich erhält – und doch ist das nichts anderes als die Umsetzung des Egoismus in das nationalökonomische Leben. Wir leben unter Egoismus, sobald wir dem Prinzip leben: Wir müßten persönlich entlohnt werden, was ich arbeite, muß mir bezahlt werden. – Die Wahrheit liegt von diesem Gedanken so weit ab, daß sie ganz unsinnig erscheint.»[22]

Der letzte Satz Rudolf Steiners hat wohl im Allgemeinen auch heute noch volle Wirklichkeit. Doch zeigt eine genauere und unbefangene Lebensbeobachtung, dass die von Rudolf Steiner ausgesprochene Wahrheit im sozialen Leben vielfach gegenwärtig ist. Ermutigend ist zu bemerken, wie hingebungsvoll oft gearbeitet wird, gerade wenn kein Geldlohn zu erwarten ist, wenn nur ein beflügelndes Motiv vorhanden ist, wenn Sinn und Ziel der Arbeit erkennbar sind. In Notfällen steigert sich die Arbeitsleistung ohne jede Beziehung zum Geld immer wieder ins Grandiose, die Not befreit die im Menschen lebende Kraft, für den Mitmenschen zu arbeiten.

Auch das Umgekehrte ist in paradoxer Weise in der gesellschaftlichen Realität vorhanden. Millionen Menschen erhalten als Arbeitslose ein Einkommen, ohne arbeiten zu können. Auch wenn diese Situation einen schweren Krankheitszustand der Gesellschaft ausdrückt, so kommt in ihr doch in absurder Weise die Trennung von Arbeit und Einkommen zur Geltung. Das soll natürlich nicht heißen, dass man den Arbeitslosen das Einkommen entziehen sollte. Rudolf Steiner hat immer darauf hingewiesen, dass die Arbeit, die die Arbeitslosen leisten könnten, irgendwo im Ganzen des sozialen Organismus fehlen müsse.

Die Tragik der gegenwärtigen Menschheitssituation wird deutlich, wenn man sich bewusst macht, dass weltweit zweifellos die Arbeitslosigkeit als das menschlich bedrückendste Problem genannt wird, dass aber andererseits fast unangefochten der Egoismus als entscheidendes Arbeitsmotiv angesehen wird. Im Sinne der Geisteswissenschaft wird durch diese Verknotung die Lösung des Problems ungeheuer erschwert. In dem gegenwärtigen Ausmaß ist die Arbeitslosigkeit Ausdruck einer Gesellschaft, die sich existentiell an den Egoismus gebunden hat, ohne zu bemerken, wie dieser gerade die Existenz gefährdet.

Mit Recht wird von vielen Seiten nach einem neuen Denken gerufen. Das von Rudolf Steiner aufgezeigte soziale Hauptgesetz fordert nicht nur ein radikales Umdenken, sondern eine Seelenarbeit, die durch das Ergreifen der Wirklichkeit des Geistes die Überwindung des Egoismus bewirkt.

Die Arbeitslosigkeit ist wegen ihrer scheinbaren Unüberwindbarkeit zu einer Geißel der Menschheit geworden. Für viele Arbeitende ist die Angst vor dem möglichen Verlust des Arbeitsplatzes zu einem menschenunwürdigen Druckmittel geworden, durch das der Lohn gedrückt und die Arbeitsleistung gesteigert werden kann. Auf dem Umweg über die Arbeitslosigkeit ist die seelenbesetzende Angst zum Herrschaftsmittel über Millionen geworden.

Für das 20. Jahrhundert und für eine weitere Zukunft ist aber noch ein Vorgang von wesentlicher Bedeutung, auf den Rudolf Steiner zunächst nicht öffentlich, sondern in kleinem Kreise zuerst im Jahr 1907 hingewiesen hat. Rudolf Steiner weist auf den Umschwung hin, der für die geistige Entwicklung der Menschheit im November 1879 stattgefunden hat.

«Das esoterische Leben vom 14. Jahrhundert bis zum November des Jahres 1879 verlief ganz anders als dasjenige zu unserer Zeit. Damals spielte sich alles okkulte Leben in der größten Stille und Verborgenheit vor der Außenwelt ab und reifte in aller Abgeschiedenheit jenem Jahre 1879 entgegen unter der Führung eines hohen geistigen Wesens, des Erzengels Gabriel.

Unter seiner Leitung reifte das geistige Leben in aller Stille und wohlbehütet und geborgen heran wie das Kind im Mutterleibe. Und im November 1879, da fand dann auf dem astralen Plane etwas ganz Ähnliches statt wie eine Geburt. Das, was langsam herangereift war seit dem 14. Jahrhundert, durfte nun in freierer Weise hinausgetragen werden in die Welt, wenn auch nur für eine Minderzahl von Menschen, denn die Herrschaft des Gabriel wurde abgelöst durch einen anderen Erzengel, unter dessen Leitung wir jetzt stehen, durch den Erzengel Michael. Er ist die strahlende Sonne, die die esoterische Weisheit hinausleuchten läßt in eine kleine Schar von Menschen. Unter der Herrschaft des Gabriel blieb sie im Verborgenen, und im äußeren Leben entwickelte sich der Materialismus. Doch wir sollen den Materialismus nicht als etwas Böses ansehen, denn er ist mit einbegriffen im göttlichen Schöpfungsplan und hat Zweck und Bestimmung im Weltganzen. Aber nun ist die Zeit gekommen unter Michaels strahlender Führung, wo die esoterische Sonne hell leuchten soll. Denn die finsteren Kräfte des Materialismus nehmen überhand.

Die Strahlenherrschaft Michaels wird wiederum abgelöst werden von einem finstern, schrecklichen Zeitalter, das um das Jahr 2400 seinen Anfang nimmt. Schon heute hat zugleich mit Michael ein finsterer Gott seine Herrschaft angetreten: der Gott Mammon.

Der Mammon ist für den Okkultismus nicht nur der Gott des Geldes. Er ist vielmehr der Führer aller niedrigen, schwarzen Kräfte. Und seine Heerscharen greifen nicht nur

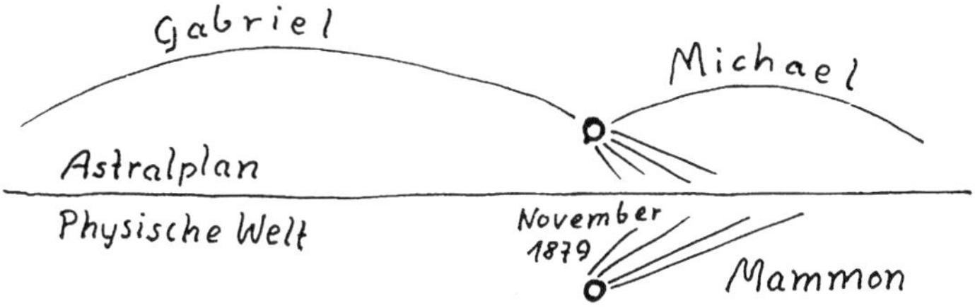

die Menschenseele an, sondern auch die physischen Leiber der Menschen, um sie zu verfressen und zu verderben.»[23]

Bei dieser ersten Darstellung Rudolf Steiners über den Wechsel der Erzengelherrschaft von Gabriel zu Michael wird dies Ereignis zugleich in Verbindung gebracht mit dem Beginn der Herrschaft des finsteren Gottes Mammon, der, wenn man die überlieferte Skizze interpretiert, der Sonnenstrahlenherrschaft Michaels die Erdenfinsternis entgegenstellt. Der Mensch auf der Erde steht deutlich zwischen den beiden Sphären. Er kann sich erheben zu den Sonnenkräften Michaels, die ihn zu Christus führen, er kann verfallen der Finsternis der Erde, die – sozusagen aufsteigend – ihn von unten ergreift und ihn schließlich ganz einschließt, so dass sich zwischen ihm und der Sonnensphäre Michaels etwas wie eine Barrikade bildet. Diese imaginativ dargestellte Situation ist im 20. Jahrhundert vielfach Realität geworden und bestimmt zu einem guten Teil die gesellschaftliche Lage.

Die konkreten Hinweise Rudolf Steiners unterstreichen das Gesagte. Die Herrschaft des Gottes Mammon als Gott des Geldes ist nach Ablauf des 20. Jahrhunderts offenkundig. Das Auftreten einer neuen Krankheit, der Immunschwächekrankheit Aids ab 1980, wirft zumindest die Frage auf, ob diese Krankheit nicht etwas von dem darstellt, was Rudolf Steiner als Angriff der Scharen Mammons auf den physischen Leib darstellt, wodurch dieser zerfressen und verdorben wird. Mit dieser Krankheit geschieht etwas, das man zuvor mehr oder weniger als unmöglich angesehen hatte, dass nämlich im Leib des Menschen sich nicht eine Abwehr von Krankheitskräften geltend macht, sondern umgekehrt eine Art Selbstzerstörungskraft des Organismus. Um Missverständnisse zu vermeiden, sei ausdrücklich gesagt, dass damit nicht ein moralisches Urteil über einen Erkrankten gefällt ist. Die Ursachen dieser Erkrankung sind vielfältig. Sie ist aber ein bezeichnender Ausdruck der Menschheitssituation, und sie wird die Menschheit in die Zukunft begleiten. Für das südliche Afrika musste die Weltgesundheitsorganisation im Dezember 1999 erklären, dass die Seuche außer Kontrolle geraten ist. Die hohe Sterberate hat die Lebenserwartung der Bevölkerung bereits wesentlich herabgesetzt. Die dadurch auftretenden Probleme sind bei weitem nicht gemeistert.

Im Zusammenhang mit dieser Darstellung der Herrschaft Michaels und Mammons weist Rudolf Steiner auf die Bedingung hin, die notwendiger Weise diejenigen erfüllen müssen, die sich der Geisteswissenschaft widmen. «Ein Opfer wird verlangt von denen, die sich einem höheren Leben weihen wollen. Nur unter der Voraussetzung soll man das geistige Leben empfangen und die Erweckung erleben wollen, wenn man dafür später sich selbst, seinen Willen, alles nur im Dienste der Menschen anwenden will.»[24]

Wenn man – zurückschauend und zusammenfassend – diese drei geisteswissenschaftlichen Aussagen Rudolf Steiners vom Anfang des 20. Jahrhunderts betrachtet, dann wird deutlich, dass sie nicht nur nichts an Aktualität verloren haben, dass vielmehr durch die Ereignisse des vergangenen Jahrhunderts ihre Bedeutung erst voll hervorgetreten ist. Denn die Fragen nach dem Frieden, nach der Arbeit, nach der michaelischen Spiritualität sind drängender denn je. Dies hängt nicht zuletzt damit zusammen, dass – nicht nur in der Öffentlichkeit – die von Rudolf Steiner aufgezeigte Tiefendimension dieser Fragen ausgeblendet wird. Vielfach wird versucht, diesen Problemen mit Strukturen und Regelwerken beizukommen, während Rudolf Steiner darauf hinweist, wie sie im geistigen Leben verwurzelt sind. Nur eine spirituelle Arbeit an diesen Wurzeln kann zu einer wirklichen Heilung führen. Die Grundlagen der gegenwärtigen Zivilisation sind krank und müssen als solche erneuert, geheilt werden.

Ein Beispiel mag das Gemeinte verdeutlichen. Die weltweit immer wieder verletzten, ja vielfach mit Füßen getretenen Menschenrechte werden neuerdings teilweise auch mit Waffengewalt verteidigt. Das kann zwar verständlich erscheinen, zeigt aber kraß den Zwiespalt, denn das Mittel widerspricht dem Ziel. Darüber hinaus hofft man – wohl vergeblich –, die Menschenrechte zu einer verbindlichen Konvention zu machen, was freilich mit der Menschenrechtskonvention der UN seit 1945 mehr oder weniger misslungen ist. Die in zahlreichen Staaten angewandte Folter und die über 150 seit 1945 registrierten Kriege sprechen da eine deutliche Sprache. Das Furchtbare wird verständlich, wenn man bedenkt, dass dem berechtigten, sehnsüchtigen Verlangen nach den Menschenrechten kein tragendes, Wirklichkeit schaffendes Bild des Menschen zu Grunde liegt. Die Menschenrechte ergeben sich erst aus einer vertieften Erkenntnis des Menschen nach Leib, Seele und Geist.

Der hier angesprochenen Frage begegnete Rudolf Steiner paradigmatisch in seiner Biographie, als er die von Amerika ausgehende «Gesellschaft für ethische Kultur» kennenlernte. Diese Gesellschaft wollte eine «rein menschliche Ethik» begründen, unabhängig von allen Weltanschauungen, um den Kampf untereinander zu verhindern. Rudolf Steiner konnte mit dem Vorgehen dieser Gesellschaft nicht einverstanden sein, weil eine Ethik, die sich nicht notwendigerweise aus einer Welterkenntnis ergibt, im Leben nicht die erforderliche Schlagkraft haben wird (Mein Lebensgang, XVII. Kapitel).

Was man als ein Erbe des 20. Jahrhunderts für das beginnende betrachten kann, ist bedrückend, muss aber in seiner Wahrheit rückhaltlos angeschaut werden, weil nur dadurch der Weg der Wandlung betreten werden kann. Der Irrtum, dass der Kampf ums Dasein eine Lebensgrundlage sein könnte, ist keineswegs überwunden. Tief eingefressen, durchsetzt er die Seele und offenbart sich in der Militarisierung des Denkens. Menschen und Menschengruppen stellen sich in einem Kampf gegeneinander, dessen Sinnlosigkeit sie nicht durchschauen. Dieser Kampf wird nur beendet werden können, wenn der ihm zu Grunde liegende Irrtum besiegt werden kann.

Solange der Egoismus die anerkannte und geforderte Triebfeder der Arbeit ist und bleibt, wird es eine Gesundung der Arbeitsverhältnisse nicht geben können. Erst wenn sich der Blick von dem Selbstbezug löst und sich zum Umkreis wendet, wird die Möglichkeit geschaffen, Not und Elend zu meistern. Diese radikale Bekehrung fordert die Einsicht in die Gültigkeit des Sozialen Hauptgesetzes. Von der Willkür der Selbstsucht kann sich der Mensch nur befreien, indem er zur Anerkennung eines objektiven Gesetzes kommt. Das Ziel der Arbeit kann nicht in einem Bezug auf sich selbst, sondern nur in einer sinnvollen Beziehung zu anderen Menschen gefunden werden.

Die Herrschaft des finsteren Gottes Mammon ist besonders in den letzten beiden Jahrzehnten des 20. Jahrhunderts kraß erlebbar geworden. Die totale Kommerzialisierung ist an die Stelle der totalen Staaten getreten. Die Erde ist umspannt von einem Netz, das der krebsartigen Vermehrung des Geldes in der intensivsten Weise dient. Die Polarität zu den michaelischen Impulsen ist überdeutlich. Die totale Kommerzialisierung verbindet sich mit der Selbstsucht und dem Kampf ums Dasein zu einer wahrhaft furchtbaren Macht, die vor allen Dingen danach trachtet, an Stelle des menschlichen Ich ein verwirrtes, gelähmtes, beherrschtes Ego zu setzen, das freilich von diesem seinem wahren Zustand nichts weiß und nichts wissen will.

Für alle drei Bereiche weisen die von Rudolf Steiner schon am Anfang des Jahrhunderts vorgebrachten geisteswissenschaftlichen Erkenntnisse energisch darauf hin, dass das Ich auf den Weg der Überwindung kommen kann, wenn es selbst die Substanz der geistigen Welt wirklich ergreift. Nur durch das Zusammenwirken solcher arbeitenden Ichs kann eine Gemeinschaft, kann eine Gesellschaft auf eine gesunde, tragfähige Grundlage gestellt werden. Wer dies als unmöglich ansieht – was man verstehen kann –, der muss sich konsequenter Weise mit den Leiden, der Not, dem Elend der Menschheit abfinden.

Wenn nach dem Neuen im 20. Jahrhundert gefragt wird, so kann in diesem Zusammenhang an das schon hervorgehobene Erscheinen der Anthroposophie im Michael-Zeitalter erinnert werden. Hier aber soll aus der Fülle der Erscheinungen das hervorgehoben werden, was einerseits symptomatisch, andererseits zukunftsträchtig erscheint.

Die Superlative

Zunächst fallen die Superlative des Jahrhunderts auf. Die Menschheit ist in das Unendliche des Raumes vorgestoßen, sie ist in das unvorstellbar Kleine eingedrungen, sie hat im Fernsten und im Kleinsten neue Welten entdeckt. Die Vorstellungen über das räumliche Universum haben sich ebenso grundlegend verändert wie die Kenntnisse über den Feinaufbau der Materie. Die Welt der Viren und die der Gene stellt sich in ihrem Umfang an die Seite der Naturreiche. Diese neuen Welten sind bisher so wenig ausgeschöpft wie die Kontinente im Zeitalter ihrer Entdeckung. Die physische Welt, die für die menschlichen Sinne erfassbar ist, wurde verlassen, mit den neu gewonnenen Bereichen wurde die Sphäre des sinnlich Nichtfassbaren betreten, freilich ohne die sinnliche Vorstellungsart aufzugeben.

Es wurden Geschwindigkeiten erreicht und Entfernungen bewältigt, die noch am Anfang des Jahrhunderts das Vorstellungsvermögen überstiegen. In der Erdatmosphäre kann die Schallmauer gleich mehrfach durchbrochen werden, im Weltraum erreichen Raketen und Satelliten wirklich überirdische Geschwindigkeiten. Durch die Kernkraft kann die Energiegewinnung ins Unermessliche gesteigert werden. Mit der Atombombe sind Zerstörungskräfte entfesselt worden, die alles Dagewesene bei weitem in den Schatten stellen. In geschichtlicher Dimension gesehen ist das 20. Jahrhundert das blutigste. Noch nie haben Menschen Menschen so viel angetan, die Grenzen des Menschlichen wurden vielfach überschritten, noch nie sind Landschaften, Meere und Flüsse, Tiere und Pflanzen, Luft, Wasser und Erde dermaßen belastet, angegriffen, zerstört worden.

All dies – und vieles mehr – hat teils zu einer apokalyptischen, teils aber auch zu einer euphorischen Stimmung – wegen der technischen Zukunftsaussichten – geführt. Auf dem oben skizzierten spirituellen Hintergrund des 20. Jahrhunderts können alle diese Erscheinungen als der grandiose Versuch verstanden werden, die Schwelle zur geistigen Welt mit untauglichen Mitteln zu überschreiten. Der Wille, an die Grenzen des Möglichen und Machbaren vorzudringen, hat seine Ziele weitgehend erreicht. Die Grenzen haben sich aber als unübersteigbar erwiesen. Die Erweiterung des Gesichtskreises, die durchaus ein Gewinn ist, hat die Menschheit überall an die Tore der geistigen Welt geführt. Diese Tore lassen sich aber durch kein physisch-materielles Mittel öffnen. Das bewusste Stehen vor den Toren der geistigen Welt kann in Zukunft die Kraft erwecken, die Tore zu öffnen, wenn man sich der Schlüssel der Geisteswissenschaft bedienen will. Die Schwelle der geistigen Welt darf nicht nur im Unbewussten von der Menschheit überschritten werden, eine wachsende Zahl von Menschen, die sich bewusst mit dem Hüter der Schwelle auseinandersetzt und die Schwelle zu überschreiten lernt, wird nötig sein, um die Menschheit vor dem Abgrund der Amoralität zu bewahren. Denn eine in der Sache selbst begründete Moral, die also nicht gepredigt werden muss, ergibt sich mit Notwendigkeit aus dem Erobern und Drinnenstehen in der geistigen Welt.

Die Mobilität

Ein weiteres wesentliches Symptom, das das 20. Jahrhundert charakterisiert, ist die Mobilität, eine Erscheinung, die nach dem Zweiten Weltkrieg enorm an Bedeutung gewonnen hat. Wie die Eisenbahn ein Geschenk des 19. Jahrhunderts ist, so sind Auto und Flugzeug unverwechselbare Merkmale des 20. Jahrhunderts und werden die Entwicklung weiter stark beeinflussen. In Deutschland hängt jeder dritte bis vierte Arbeitsplatz mit dem Auto zusammen, es gibt Prognosen, die weltweit die Verdoppelung der Zahl der Autos in den nächsten fünfzehn Jahren prophezeien. Der Kampf ums Erdöl und das Suchen nach anderen Energiequellen wird sich durch diese unübersehbare Tendenz, die einen riesigen Markt erwarten lässt, erheblich steigern. Die Folgen für die Umwelt lassen sich nicht abschätzen.

Wenn man danach fragt, was den modernen Menschen an dem Auto so fasziniert, so muss man wohl sagen, dass der Besitz und das Fahren eines Autos für viele eng mit dem Persönlichkeitsgefühl zusammenhängen. Das Auto ist – zusätzlich zu dem Leib – eine Stütze der Persönlichkeit geworden. Da dieser Vorgang sich meist im Unterbewussten abspielt, wirkt er im Seelischen um so stärker und kommt in traurigen wie komischen Erscheinungen zum Vorschein. Darüber hinaus verleiht die momentane und selbstbestimmte Beweglichkeit allen Mitfahrenden das Gefühl der Ungebundenheit gegenüber dem Raum. Man isoliert sich von der Erde und will sich in der Geschwindigkeit von ihr lösen. So kann man sich klarmachen, dass der Automobilismus untergründig mit zwei Grundtendenzen des Bewusstseinsseelenzeitalters zusammenhängt, mit der Persönlichkeitsentfaltung und dem Freiheitsstreben. Im Automobilismus wird dieser elementare Drang durch die Technik wie nach unten abgelenkt. Das ist nicht als Kritik gemeint, denn die Technik gehört zum Schicksal der Bewusstseinsseele und ist für sie eine wichtige Erzieherin zum klaren Bewusstsein. So muss der Automobilismus in seiner Notwendigkeit für das moderne berufliche wie private Leben als eine Herausforderung für den strebenden Menschen verstanden werden, der dem herabgestellten, abgelenkten Entwicklungsbild das spirituelle Urbild entgegenstellen kann.

Im Fliegen erreicht der Mobilitätsdrang zweifellos seinen Höhepunkt. Die Loslösung von der Erde ist nahezu perfekt, die Geschwindigkeit lässt den Raum immer unwesentlicher erscheinen. Dazu tritt im Fliegen ein erdumspannendes Moment. Die weltweite Fliegerei hat die Erde klein gemacht, berufliche Beziehungen und private Studien- oder Freizeitreisen haben die Menschen in ungeahnte Verbindungen gebracht. In der zweiten Hälfte des 20. Jahrhunderts ist es immer mehr zu einem massenhaften Aufbruch durch die technische Entwicklung der Fliegerei gekommen. Diese Entwicklung ist durch die Technik bestimmt. Man kann aber umgekehrt auch sagen, dass die technische Entwicklung unmöglich wäre, wenn nicht in so vielen Menschen der Drang nach der Mobilität lebte. So kann man sich davon überzeugen, dass alle Mobilität auf ihre Weise ein Ausdruck ist der Menschheitssituation, auch wenn das Spirituelle wie in einer umkehrenden Spiegelung erscheint.

Die Entdeckung der Atomkräfte

Das 20. Jahrhundert wird in die Geschichte der Menschheit als das Jahrhundert eingehen, das die Entdeckung, Entfesselung und Anwendung der Atomkräfte gebracht hat. Die dadurch aufgetretenen Probleme werden die Menschheit – schon aus technischen Gründen – ohne Übertreibung Jahrtausende lang begleiten. Schon jetzt muss die Frage aufgeworfen werden, ob die Menschheit dauerhaft moralisch in der Lage sein wird, der Machtversuchung durch die Atombombe zu widerstehen. Die Skepsis gründet sich auf die zumindest für die Gegenwart geltende Beobachtung, dass viele und zu viele Staaten geheim oder auch offen nach der Atombombe streben, um ihre Macht zu erhalten oder zu festigen. Nicht zuletzt durch die nach wie vor bestehende Einheitsstaatsstruktur ist Anlass zu größter Sorge gegeben, weil den Machtinteressen des Einheitsstaates keine Begrenzungen durch ein wirksames freies Geistesleben entgegen stehen.

Schwerwiegender noch ist die Frage, welche Rolle die thermo-nuklearen Kräfte und die künstliche radioaktive Strahlung für das Ende der fünften Kulturepoche beziehungsweise der gesamten nachatlantischen Epoche spielen wird. Dieses Ende ist in etwa 7000 Jahren zu erwarten.

Durch Einstein, der in den USA als der Mann des 20. Jahrhunderts angesehen wird, wurde zunächst theoretisch die Erkenntnis vermittelt, dass die Materie sozusagen geballte Energie ist. Durch die Atomtechnik ist es gelungen, diese geballte Energie, die sich als Hitze offenbart, zu entfesseln. Theoretisch und praktisch ist dadurch klar geworden, dass die Materie etwas ganz anderes ist, als sich die Physiker im klassischen Sinne bisher vorgestellt hatten. Wenn es erlaubt ist, es so zu formulieren: Den Materialisten des 19. Jahrhunderts ging im 20. Jahrhundert die Materie verloren. Das Tragische ist nur, dass dies im Bewusstsein nicht nachvollzogen, nicht realisiert wurde. Der Boden unter den Füßen ist geschwunden, auch darin zeigt sich, dass die Menschheit über die Schwelle in die geistige Welt eingetreten ist, ohne dass dies durch die entsprechenden spirituellen Begriffe erfasst worden wäre. Das Atomzeitalter erfordert aber die Geisteswissenschaft als erkenntnismäßige und moralische Notwendigkeit.

Das Jahr 1933 und das Auftreten Hitlers

Wenn man der Frage nachgeht, wodurch in das 20. Jahrhundert die Atombombe als eine neue Wirklichkeit hineingestellt wurde, so kann die Antwort nur lauten: durch die Herrschaft Hitlers und den von ihm mit bewusster

Absicht vom Zaun gebrochenen Zweiten Weltkrieg. Zu dem furchtbaren Erbe, das die Tyrannei Hitlers hinterlassen hat, gehört auch die rasante Entwicklung der Atombombe, um Hitler in jedem Falle Einhalt gebieten zu können. Gewiss wäre diese technische Entwicklung auch sonst gekommen, aber nicht so frühzeitig und vielleicht auch ohne die unermesslichen Opfer. Diese – wenn man so sagen darf – Abstammung der Atombombe ist bisher nur wenig gewürdigt worden, weil die Machtsucht der Staaten die Einsicht in die offenkundige Tatsache verhindern will, dass «mit den Atomwaffen der Geist Hitlers in die Nachkriegswelt übertragen worden (ist) – die Fähigkeit zur Massenvernichtung und die Bereitschaft dazu»[25]. An dieser Stelle zeigt sich, dass der Einbruch der Widersachermächte durch Hitler seit 1933 keineswegs – wie vielfach glauben gemacht werden soll – mit der Hitlerherrschaft endete, sondern dass meist unbemerkt und in tieferen Schichten die dieser Herrschaft zu Grunde liegenden Kräfte in stärkster Weise weiter wirken.

Nach Ende des 20. Jahrhunderts ist es eine Forderung des historischen Gewissens, diese Tatsache anzuerkennen und die notwendigen Schlussfolgerungen daraus zu ziehen. Diese können zunächst nur darin liegen, über diese Zusammenhänge rückhaltlos aufzuklären und Bewusstsein zu schaffen. Im weiteren wird es die Aufgabe einer zukünftigen Dreigliederungsbewegung sein, die Macht des Einheitsstaates als Werkzeug des Bösen entscheidend einzuschränken. Es bedarf keiner prophetischen Gabe, ein gewaltiges Ringen dabei vorherzusagen.

Nachzutragen ist eine Erklärung der besonderen Bedeutung des Jahres 1933. Rudolf Steiner hat auf dieses Jahr von zwei Seiten hingewiesen, die sich in der Polarität aufeinander beziehen. In dem Karlsruher Vortrag vom 25. Januar 1910 spricht Rudolf Steiner von dem Seelenumschwung, von den neuen Seelenfähigkeiten, die nach dem Ende des Kali Yuga, des Finsteren Zeitalters, sich im 20. Jahrhundert zeigen werden. Wie zu Zeiten der Christus-Erscheinung in Palästina besteht die Möglichkeit, dass dieses Ereignis mehr oder weniger unbemerkt an den Menschen vorbeigeht.

«Sollte es nicht auch heute möglich sein, daß unendlich Wichtiges vorgeht und die Menschen es nur nicht in ihr Bewußtsein aufnehmen? Könnte es nicht sein, daß unsere Zeitgenossen von dem Allerwichtigsten, was vorgeht in der Welt, jetzt vorgeht, keine Ahnung haben? So ist es. Denn Wichtigstes geht vor, doch geht es nur für den geistigen Blick wahrnehmbar vor.»[26] Was für den geistigen Blick wahrnehmbar ist, beschreibt Rudolf Steiner im Folgenden so: «Die ersten Anzeichen von diesen neuen Seelenfähigkeiten, die werden sich in vereinzelten Seelen schon verhältnismäßig bald bemerkbar machen. Und sie werden sich deutlicher zeigen in der Mitte der dreißiger Jahre unseres Jahrhunderts, ungefähr in der Zeit zwischen 1930 und 1940. Die Jahre 1933, 1935 und 1937 werden besonders wichtig sein. Da werden sich am Menschen ganz besondere Fähigkeiten als natürliche Anlagen zeigen. In dieser Zeit werden große Veränderungen vor sich gehen und Prophezeiungen der biblischen Urkunden sich erfüllen. Da wird sich alles für die Seelen verändern, die auf der Erde weilen und auch für diejenigen, die nicht mehr im physischen Leibe sind. Gleichgültig, wo sie sind, diese Seelen, sie leben eben ganz neuen Fähigkeiten entgegen. Alles ändert sich. Das wichtigste Ereignis unserer Zeit aber ist eine tief einschneidende Änderung in den Seelenfähigkeiten der Menschen.

Das Kali Yuga ist abgelaufen, und es beginnen die Menschenseelen jetzt neue Fähigkeiten zu entwickeln, jene Fähigkeiten, welche, weil eben das Zeitalter dafür da ist, wie von selber heraustreiben werden aus den Seelen gewisse hellseherische Kräfte, jene hellseherischen Kräfte, die während des Kali Yuga eben hinuntertauchen mußten ins Unbewußte. Da wird es eine Anzahl von Seelen geben, die das merkwürdige Ereignis erleben werden, daß sie das Ich-Bewußtsein haben werden, aber neben diesem wird es für sie so sein, wie wenn sie in einer Welt lebten, die eigentlich eine ganz andere Welt ist als diejenige ihres gewöhnlichen Bewußtseins: es wird sein wie schattenhaft, wie eine Ahnung, wie wenn ein Blindgeborener operiert wird. Durch dasjenige, was wir esoterische Schulung nennen, werden diese hellseherischen Fähigkeiten noch viel besser erlangt werden. Das wird aber, weil die Menschen fortschreiten, in den allerersten Anfängen, in den elementarsten Stufen durch die selbsttätige natürliche Entwickelung in der Menschheit auftreten.

Nun könnte es aber sehr leicht sein – und viel leichter könnte es jetzt sein als jemals früher –, daß die Menschen in unserem Zeitalter überhaupt nicht in der Lage wären, so etwas, dieses für die Menschheit wichtigste Ereignis zu begreifen. Es könnte sein, daß die Menschen überhaupt nicht imstande wären zu begreifen, daß das ein wirkliches Hineinschauen in eine geistige Welt ist, wenn auch schattenhaft und matt nur noch. Es könnte zum Beispiel so sein, daß die Bosheit, der Materialismus so groß wären auf der Erde, daß die Mehrheit der Menschen nicht das geringste

Verständnis zeigte, und jene Menschen, die dieses Hellsehen haben werden, als Narren betrachten und in die Irrenhäuser stecken würde unter die andern hinein, die in verworrener Weise ihre Seelen entwickeln. Also es könnte dieses Zeitalter sozusagen an den Menschen spurlos vorübergehen, obwohl wir auch heute ertönen lassen den Ruf, wie ihn damals Johannes der Täufer als der Vorläufer des Christus und der Christus selbst haben ertönen lassen: Ein neues Zeitalter ist herbeigekommen, wo die Menschenseelen einen Schritt hinaufmachen müssen in die Reiche der Himmel!»[27]

Im Weiteren wird von Rudolf Steiner ausgesprochen, was durch die neuen Seelenfähigkeiten erfasst werden kann: «Nun, diejenige Wesenheit, die wir den Christus nennen, die war einmal im Fleische auf der Erde im Beginne unserer Zeitrechnung. In einem solchen physischen Leibe wird sie nicht mehr kommen, denn das war ein einmaliges Ereignis. Aber in der ätherischen Gestalt wird der Christus wiederkommen in den genannten Zeiten. Da werden die Menschen wahrnehmen lernen den Christus, indem sie durch dieses Äthersehen hinaufwachsen werden zu ihm, der nun nicht mehr heruntersteigt bis zum physischen Leib, sondern bloß bis zum Ätherleib. Die Menschen werden also hinaufwachsen müssen zu einem Wahrnehmen des Christus. Denn wahr ist der Ausspruch, den der Christus getan hat: «Ich bin bei euch alle Tage bis ans Ende der Erdenzeiten.» Er ist da, er ist in unserer geistigen Welt, und besonders Begnadete, die können ihn immer wahrnehmen in dieser geistig-ätherischen Welt.»[28]

Denjenigen Menschen, die die Geisteswissenschaft in sich aufgenommen haben, kommt eine besondere Aufgabe zu. «Wir lernen, daß sie (die Geisteswissenschaft) etwas ist, was uns eine ungeheure Verantwortung auferlegt, denn sie ist eine Vorbereitung auf das ganz konkrete Geschehen des Wiedererscheinens des Christus. Der Christus wird wiedererscheinen deshalb, weil die Menschen sich zu ihm hinaufheben werden im Äthersehen. Wenn wir das erfassen, dann erscheint uns Geisteswissenschaft als die Vorbereitung der Menschen auf die Wiederkunft des Christus, damit das Unglück nicht eintritt, daß sie dieses große Ereignis übersehen, sondern reif werden, den großen Moment zu erfassen, den man als das Wiederkommen des Christus bezeichnen kann. Der Mensch wird fähig werden, Ätherleiber zu sehen, und er wird fähig sein, unter diesen Ätherleibern auch den Ätherleib des Christus zu sehen, das heißt, in eine Welt hineinzuwachsen, in der ihm für seine neuerwachten Fähigkeiten der Christus erscheinen wird.

Es wird dann nicht mehr nötig sein, das Dasein des Christus aus allerlei Urkunden zu beweisen, sondern es wird dann Augenzeugen für die Gegenwart des lebendigen Christus geben, solche, die ihn in seinem Ätherleib erleben werden. Und sie werden an diesem Erlebnis lernen, daß diese Wesenheit dieselbe ist, die im Beginn unserer Zeitrechnung das Mysterium von Golgatha vollbracht hat, daß es der Christus ist. Gleich wie der Paulus dazumal bei Damaskus überzeugt ward: Das ist der Christus – so wird es Menschen geben, die sich durch ihr Erleben im Ätherischen überzeugen werden, daß der Christus wirklich lebt.

Das ist das größte Geheimnis unseres Zeitalters: das Geheimnis von dem Wiederkommen des Christus, und so nimmt es sich in seiner wahren Gestalt aus.»[29]

Auf die möglichen Gefahren, die mit der Christus-Erscheinung verbunden sind, wird von Rudolf Steiner deutlich aufmerksam gemacht. «Der materialistische Sinn wird so dieses Ereignis sich vorstellen, daß er denkt, der Christus steige im Fleische herunter, werde sich inkarnieren im Fleische. Eine Anzahl von Menschen wird es geben, die in ihrem maßlosen Hochmut das benützen und sich ausgeben werden unter den Menschen als der wiederverkörperte Christus. Falsche Christusse wird uns daher das nächste Zeitalter bringen können. Anthroposophen aber sollten Menschen sein, welche für das geistige Leben so reif sein werden, daß sie nicht verwechseln das Wiederkommen des Christus in einem geistigen Leibe, wahrnehmbar nur für ein höheres Schauen, mit einem solchen im physischen Fleische. Das wird eine der furchtbarsten Versuchungen sein, die an die Menschheit herantreten werden. Die Menschheit über diese Versuchung hinauszuführen, das wird die Aufgabe sein derjenigen, die durch Geisteswissenschaft lernen, sich wirklich zu erheben zu der Erfassung des Geistes, die den Geist nicht herunterholen wollen in die Materie, sondern selbst hinaufsteigen in die geistige Welt. So dürfen wir also sprechen von dem Wiederkommen des Christus und davon, daß wir uns hinauferheben zu dem Christus in die geistige Welt durch die Aneignung des ätherischen Schauens.»[30]

Die anschließende Bemerkung Rudolf Steiners hat zwar einen deutlichen zeitlichen Bezug, der inzwischen nicht mehr gegeben ist, sie kann aber in einem etwas gewandelten Sinne durchaus für die Gegenwart und Zukunft gelten, denn das Christus-Ereignis beginnt zwar mit den dreißiger Jahren des 20. Jahrhunderts, ihm gehört aber eine weite Zukunft.

«Der Christus ist immer da, aber er ist in der geistigen Welt. Und wir können ihn erreichen, wenn wir uns in sie erheben. Und alle anthroposophische Lehre sollte sich in uns in den starken Wunsch umwandeln, dieses Ereignis an der Menschheit nicht spurlos vorübergehen zu lassen, sondern in der Zeit, die uns zur Verfügung steht, allmählich eine Menschheit heranzubilden, die reif sein möge, diese neuen Fähigkeiten in sich auszubilden und sich damit erneut mit dem Christus zu verbinden.»[31]

Die Geisteswissenschaft will die Menschen auf dieses Ereignis vorbereiten, «in der richtigen Art sich hineinzustellen in die Zeit und mit heller Verstandes- und Erkenntnisklarheit zu sehen, was wirklich da ist, aber vorbeigehen könnte an den Menschen, ohne daß sie es zur Frucht machen könnten: darum geht es!»[32]

Wegen der einzigartigen Bedeutung der Aussagen Rudolf Steiners wurden sie hier in einer gewissen Ausführlichkeit direkt wiedergegeben. Die sich aufdrängende Frage, inwieweit die Anthroposophen ihre Aufgabe damals haben erfüllen können, sei dem Urteil des Lesers im Einzelnen überlassen. Sicher ist, dass es wahrhafte Zeugen dieses Christus-Ereignisses gibt, sicher ist auch, dass es in den dreißiger und vierziger Jahren des vergangenen Jahrhunderts zu einer Menschheitskatastrophe gekommen ist, deren Ausmaß keineswegs als Fatum hingenommen werden kann. Die Notwendigkeit des Geschehens rief zugleich die Freiheit auf, es zu gestalten.

Die Hinweise Rudolf Steiners auf das Christus-Ereignis des 20. Jahrhunderts werden erweitert durch seine Aussage im September 1924: «Ehe denn der ätherische Christus von den Menschen in der richtigen Weise erfaßt werden kann, muß die Menschheit erst fertig werden mit der Begegnung des Tieres, das 1933 aufsteigt.»[33]

Über das hier gemeinte apokalyptische Tier hat Rudolf Steiner vor allem in dem Zyklus über die «Apokalypse des Johannes» (Nürnberg 1908) gesprochen.[34] Das zweihörnige apokalyptische Tier, das auch durch die Zahl 6-6-6 charakterisiert wird, ist als Sonnendämon der Gegner des Sonnengeistes, der auch als Lamm bezeichnet wird. Rudolf Steiner hat aus der Zahl 6-6-6 den Namen des Sonnendämons erschlossen: Sorat. Dieser wirkt in allen bösen Kräften des Menschen, die die Wesensglieder so verhärten, dass die Wandlungskräfte des auferstandenen Sonnengeistes nicht ins Ich aufgenommen werden können. Sorat ist als Sonnendämon «der Verführer zur schwarzen Magie, jenes furchtbarsten Verbrechens in der Erdenentwicklung, dem kein Verbrechen gleichkommen kann»[35]. Die schwarze Magie besteht in dem Missbrauch der spirituellen Kräfte, nicht zuletzt darin, Macht über Menschen zu gewinnen, damit sie «versäumen, das Christus-Prinzip in sich aufzunehmen»[36].

Rudolf Steiners spätere Aussage über das Jahr 1933 stellt zwischen dem Christus-Ereignis und der Begegnung mit dem apokalyptischen Tier eine denkbar enge Beziehung her, von der in der Darstellung von 1910 direkt noch nicht die Rede ist. Es wird eine Bedingung ausgesprochen, die Prüfungscharakter hat, denn das Fertigwerden mit der Begegnung des apokalyptischen Tieres ist die schwerste Aufgabe, die man sich denken kann. Diese Prüfung ist gewiss keine punktuelle, sie ist eine Lebensaufgabe, und erst nach dem Tode, in der Wirklichkeit der geistigen Welt, mag der Mensch eine vollgültige Antwort auf die sorgenvolle Frage erhalten, ob er sie bestanden hat.

Geschichtlich gesehen aber leitet das Jahr 1933 durch die von Hitler beziehungsweise Goebbels sogenannte Machtergreifung eine einzigartige Menschheitskatastrophe ein. Auf dem gezeichneten Hintergrund der Christus-Erscheinung und des Auftretens des Sonnendämons Sorat erscheint die Hitler-Gestalt in einem anderen Licht.[37] Der Mensch Hitler ist seit seiner Gasvergiftung im Oktober 1918 zunehmend zu einem Gefäß Sorats geworden, luziferische Rauschelemente in den Reden und ahrimanische Gedankenkräfte in der darwinistisch-materialistischen Argumentation begleiten und unterstützen diesen Vorgang. Die Dreieinheit der Widersachermächte stellt Hitler an die Spitze seiner ichbetörenden Bewegung. Die gewiss vorhandenen karmischen Voraussetzungen des Menschen Hitler für diese Wesensbesetzung sind derzeit – soweit bekannt – noch unerforscht. Menschliches Gefäß und Wesensinhalt sind im weiteren Leben Hitlers durchaus zu unterscheiden, die Geschichte gestaltenden Kräfte gehen aber vor allem von den ihn immer stärker ergreifenden Widersachermächten aus.

Der Hinweis Rudolf Steiners, dass Menschen auftreten werden, die sich selbst Christus gleichstellen werden, wird von Hitler durch den überlieferten Satz bestätigt: «Das Werk, das Christus begonnen hat, werde ich zu Ende führen.»[38]

In diesem Satz spricht sich der Antichrist in klassischer Weise aus, die größenwahnsinnige Anmaßung ist ein untrügliches Zeichen. Darüber hinaus ist Hitler besonders in den dreißiger Jahren von vielen Menschen schlechthin als Messias angesehen und verehrt worden. Goebbels hat diese messianische Erwartung propagandistisch geschickt genährt, für ihn war Hitler sein Gott und er selbst sein berufener Prophet. Hier kann der Missbrauch spiritueller Kräfte als Zeichen der schwarzen Magie im Dienste Sorats erkannt werden.

Wie konnte es in Mitteleuropa, in Deutschland zu einer solchen aller Menschheit Hohn sprechenden Erscheinung kommen? Der Ausbruch der Krankheit hat eine lange Vorgeschichte. Das deutsche Volk hat sich selbst verraten, es hat die Verbindung zu seinem Selbst, zu seiner Volksseele und seinem Volksgeist verloren, denn diese leben ganz im Kulturellen, im Geistigen, nicht aber im Kommerz und Militarismus. Der Materialismus des 19. Jahrhunderts, der in der Wilhelminischen Kaiserzeit seinen stärksten Ausdruck fand, hat der Katastrophe vorgearbeitet, weil durch ihn alles Geistige unwirklich und damit unwirksam wurde. Das betraf alle Völker; was aber für die anderen zu einem Unglück wurde, traf die Existenz des deutschen Volkes im Kern, weil dieser mit dem Geist identisch ist. Bildlich gesprochen: Wenn das deutsche Volk den Wirklichkeit-gesättigten Halt nach oben verlor, musste es in den Abgrund stürzen. Die Tyrannei Hitlers hat nichts mit dem wahren deutschen Volksgeist zu tun, sondern mit dem Dämon, der sich nach dem Verlust dieses Geistes einstellt.

Mit dem sprechenden Titel seines Buches «Wenn die Götter den Tempel verlassen» hat Karl Heyer diesem Gedanken klaren Ausdruck verliehen.[39] Karl Heyer hat als miterlebender Zeitzeuge auf Grund seiner Vertrautheit mit der Anthroposophie in diesem äußerst lesenswerten Buch eine ungeheure Fülle von Einzelheiten zusammengetragen, die diese Aussage belegen. Wenn man nach einem Bild sucht, das sich als Wahrbild dem Zerrbild gegenüberstellt, so kann man es in Kaspar Hauser, dem Kind Europas, finden, das fast genau 99 Jahre vor der Machtergreifung, vor Weihnachten 1833 ermordet wurde.[40] Von allem Pro und Kontra abgesehen, drückt das Bild des ermordeten Kindes von Europa die schon beginnende Tragik aus.

Dennoch soll keineswegs behauptet werden, dass die Tyrannei Hitlers ein unabwendbares Fatum gewesen wäre. Sie ist vielmehr die unmittelbare Folge der Verleugnung der Wahrheit, der Mutlosigkeit für das Neue, des Nichtergreifenkönnens der Situation. Dies bezieht sich auf die Lage, die nach dem militärischen Zusammenbruch, dem Ende der tausendjährigen Monarchie und der nationalen Katastrophe 1918 eingetreten war. In Hitlers Bewusstsein repräsentierte sich das durch die Vorstellung, die er sich von der Bedeutung des 9. November 1918 gemacht hat. Der Bericht, den Hitler selbst in «Mein Kampf» von der «ersten großen Volksversammlung der noch unbekannten Bewegung» am 24. Februar 1920 in München gibt, endet mit den bezeichnenden Worten: «Ein Feuer war entzündet, aus dessen Glut dereinst das Schwert kommen muß, das dem germanischen Siegfried die Freiheit, der deutschen Nation das Leben wiedergewinnen soll. Und neben der kommenden Erhebung fühlte ich die Göttin der unerbittlichen Rache schreiten für die Meineidstat des 9. November 1918.»[41] Wie so oft bei Hitler wird die Wahrheit einfach auf den Kopf gestellt. Denn das Schwert hat weder die Freiheit noch das Leben, sondern nur Tyrannei und Tod gebracht. Und die «Göttin der unerbittlichen Rache» ist nichts anderes als der gegen den wahren Volksgeist stehende Dämon des Abgrunds, aus dem die menschenverachtende Zerstörung hervorgeht. Die Vorstellung von der «Meineidstat des 9. November 1918», der für Hitler wiederholt ein Angelpunkt gewesen ist (9. November 1923: Hitler-Putsch in München; 9. November 1938: Juden-Pogrom, «Reichskristallnacht»), ist nichts anderes als ein Blendwerk, das die Erkenntnis der wahren Gründe der Katastrophe unmöglich machen soll. Das hat seine Wirkung leider durchaus nicht verfehlt.

Mit seinem Aufruf «An das deutsche Volk und die Kulturwelt» (April 1919) hat Rudolf Steiner den großangelegten Versuch gestartet, insbesondere dem deutschen Volk die bittere Erkenntnis von diesen wahren Gründen der Katastrophe zu vermitteln. Der eingetretene Zusammenbruch des Deutschen Reiches hat die «herrschenden Gedanken» als «einen tragisch wirkenden Irrtum erwiesen. Wo liegen die Gründe dieses verhängnisvollen Irrtums? Diese Frage muß Selbstbesinnung in die Glieder des deutschen Volkes treiben. Ob jetzt die Kraft zu solcher Selbstbesinnung vorhanden ist, davon hängt die Lebensmöglichkeit des deutschen Volkes ab.»[42] Im Kontext erscheint das hier entscheidende Wort «Selbstbesinnung» zum dritten Mal, unüberhörbar mahnend, dass davon in Wahrheit «die Lebensmöglichkeit des deutschen Volkes» abhängt.

Historisch kann nur festgehalten werden, dass diese so notwendige Selbstbesinnung nicht eingetreten ist, woraus sich in der Folge der Todesprozess ergeben hat. Die Selbstbesinnung hätte zu der Erkenntnis führen müssen, dass das deutsche Volk «vor einem halben Jahrhundert ein Reich gegründet, jedoch unterlassen hat, diesem Reich eine aus dem Wesensinhalt der deutschen Volkheit entspringende

Aufgabe zu stellen», wie schon oben einmal hervorgehoben wurde. Die Erkenntnis der geistigen Hohlheit des Wilhelminischen Reiches hätte auch erfordert, den Materialismus zu überwinden, der verhindert, «den Wesensinhalt der deutschen Volkheit» in der spirituellen Realität des Volksgeistes zu finden. Da dieser für das eingeschränkte Bewusstsein ein Nichts war und blieb, wurde seine Wirkung weitestgehend ausgeschaltet. An die Stelle von Selbstbesinnung und Erkenntnis trat die zuerst von Hindenburg propagierte Dolchstoßlegende, die Hitler später am Brandenburger Tor in die Inschrift fasste: «1914–1918 Im Felde unbesiegt»! Demgegenüber hätte in dem mitteleuropäischen Volk auf Grund der militärischen Weltkriegskatastrophe die Einsicht reifen müssen, dass der Militarismus grundsätzlich das ist, was den Aufgaben und Zielen des deutschen Volkes vollkommen widerspricht. Nicht nur damals ist die Selbstbesinnung nicht eingetreten, auch heute noch ist man meilenweit davon entfernt, solche Erkenntnis zur radikalen und konsequenten Grundlage einer mitteleuropäischen Politik zu machen.

Mit der Weltkriegskatastrophe wurde auch der weltgeschichtliche Beweis geliefert, dass der Macht-bestimmte Einheitsstaat abgewirtschaftet hat. Das notwendig Neue müsste von da ausgehen, wo die größten Schäden des Alten sich gezeigt hatten. Wie schon oben ausgeführt wurde, ergab sich die Notwendigkeit der Dreigliederung des sozialen Organismus für Rudolf Steiner aus dem sich vollziehenden Schwellengang der Menschheit. Die Tragik des Untergangs hätte gewandelt werden können durch den Beginn einer Entwicklung zur echten Machtüberwindung, die im Sinne der Selbstverantwortung des mündigen Bürgers der Demokratie ist. Die durchgreifende Beschränkung der Herrschaft führt auf einen Friedensweg. Der Impuls der Dreigliederung des sozialen Organismus ist nicht verstanden, nicht ergriffen, ja intensiv bekämpft worden. Hitler hat auf seine Weise als Einheitsstaatsfanatiker par excellence sofort bemerkt, wie ihm die Dreigliederung die Machtbasis entzogen hätte, die er zu seinem Zerstörungswerk brauchte.[43] Er hat die Dreigliederung verleumderisch zu den «ganzen jüdischen Methoden zur Zerstörung der normalen Geistverfassung der Völker» gerechnet und sie diffamiert. Auf dem sozialen Feld wäre der Impuls zu einem bis heute unverstandenen, ja bekämpften radikal neuen Gesellschaftsaufbau das Einzige gewesen, was Hitlers Bewegung hätte Paroli bieten können. Die Machteliten hatten ihm letztlich nichts entgegenzusetzen, weil sie mit ihm in dem alten Prinzip der Macht doch vereinigt waren. Sie wollten nicht von der Macht lassen und haben sie deswegen verloren. Die Macht des abgelebten Einheitsstaates ließ den Staat zum Werkzeug des Bösen werden. (Anlehnung an den späteren Titel des oben erwähnten Werkes von Karl Heyer.)

Der soziale Organismus kann nur in gesunder Weise existieren, wenn er von dem Lebensblut der «geistigen Produktion» erfüllt wird. Dieses Lebensblut entsteht durch das tatsächliche Erschließen der spirituellen Quellen, die aus der geistigen Welt fließen. Rudolf Steiner ist nicht müde geworden, auf diese Lebensnotwendigkeit des sozialen Organismus hinzuweisen. Dieser Quell kann nur fließen, wenn das Kulturleben einerseits von den Fesseln von Staat und Wirtschaft befreit wird, andererseits aber muss diese Quelle wirklich gefunden werden. Man muss wohl sagen, dass die Befreiung des Kulturlebens nicht zuletzt von der Realisation des Kontaktes mit der geistigen Welt abhängt. Die Befreiung ist nicht nur ein Struktur- oder Formproblem, sondern nur möglich durch den wirklichen geistigen Einschlag.

Der mangelnde oder fehlende spirituelle Einschlag ist im weiteren wesentlich dafür verantwortlich, dass sich Hitler mit seinem – wie er selbst sagte – «unbändigen Willen» durchsetzen konnte. Tatsächlich erfüllte ein von allem Moralischen losgebundener, kurz böser Wille Hitler, der ihn befähigte, hemmungslos die an ihren kraftlosen Vorstellungen hängenden Intellektuellen wegzufegen. Die Rasanz, mit der er nach der Machtergreifung in seinem Sinne aufräumte, ist ein Lehrstück dafür. Die böse Erfülltheit des Willens, in der sich die Gegenwart des apokalyptischen Tieres, Sorat, realisiert, ist das deutliche Gegenbild des guten Willens, der auf seinem Wege zu einer Weltveränderung kommen könnte, die heilsam und gesundend, nicht zerstörerisch ist.

Rudolf Steiner hat gegenüber den damals lebenden Anthroposophen vielfach feststellen müssen, dass sie zu dem nötigen wirklichen Erwachen im Willen nicht gekommen sind. Sein Schmerz darüber fasst sich in das Wort, dass man wohl zu einer «Vorstellung von dem Willen, nicht aber zu dem Willen selbst» gekommen sei.[44] Auch musste er erleben, dass die Freie Hochschule für Geisteswissenschaft in Dornach nicht in seinem Sinne geführt wurde, was ihn schließlich nach dem Brand des Goetheanum (Silvester 1922) dazu veranlasste, mit der Weihnachtstagung 1923 selbst die Leitung der Allgemeinen Anthroposophischen Gesellschaft und des Goetheanum als Freie Hochschule für Geisteswissenschaft zu übernehmen. Rückblickend hat er ausdrücklich davon gesprochen, wie vorher seine Intentionen abgestumpft wurden.[45] Die Weihnachtstagung 1923 war ein kräftiger Einschlag des guten Willens, getragen von den guten Geistern der Menschheit. Aber die opfervolle Hingabe Rudolf Steiners konnte die Wendung doch nicht mehr bewirken. Fünfzehn Monate später wurde Rudolf Steiner von dem Erdenplan abberufen.

Symptomatisch ist in diesem Zusammenhang, dass Hitler Weihnachten 1924 aus seiner kurzen Festungshaft nach dem gescheiterten Putschversuch vom 9. November 1923 entlassen wird und ausgerechnet am letzten Geburtstag Rudolf Steiners die NSDAP nach ihrem Verbot neu begründet.

Aus all dem kann wohl nur der Schluss gezogen werden, dass das Fertigwerden mit der Begegnung des apokalyptischen Tieres 1933 nur bis zu einem gewissen Grade gelungen ist. Es sind die spirituellen Keime gelegt, die geeignet sind, den Willen zu erwecken, der der Begegnung mit Sorat gewachsen ist. Diese Frage hatte ja nicht nur Bedeutung für das Jahr 1933, sondern durchaus für eine weitere Zukunft, und ist insofern aktuell. Was aber durch die in der Hitler-Bewegung wirkenden Abgrundkräfte auf Grund der Tatsache, dass die Weltkriegskatastrophe nicht wahrheits- und situationsgemäß verarbeitet werden konnte, erreicht wurde, war ein Zurückdrängen der aus der geistigen Welt kommenden anthroposophischen Impulse. Zwischen der nationalsozialistischen und der anthroposophischen Bewegung besteht ein wesensgemäßer Gegensatz. In dem oben schon genannten Werk von Karl Heyer «Wenn die Götter den Tempel verlassen», das später den Titel trug «Der Staat als Werkzeug des Bösen», ist diese Polarität wie mit Händen zu greifen. Heyer hat da mehr die zahlreichen Tatsachen eine allerdings insgesamt sehr deutliche Sprache sprechen lassen, ohne den offenkundigen Gegensatz direkt zu bezeichnen. In seinen Lebenserinnerungen hat aber Karl Heyer die nationalsozialistische Bewegung klar als die anti-anthroposophische hingestellt.[46] Damit ist etwas für die Gegenwart und Zukunft Wesentliches erkannt worden: die Weltbedeutung der Geisteswissenschaft, der Anthroposophie. Diese Weltbedeutung der Anthroposophie wurde von den Gegnern des spirituellen Fortschritts, die einerseits überlebte, andererseits ausgesprochen antichristliche Impulse verfolgen, in ihrem Sinne richtig erkannt und eingeschätzt, was sie veranlasste, energisch dagegen vorzugehen. Dass diese Gegner nicht öffentlich aufgetreten sind, sollte nicht Veranlassung dazu geben, an ihrer Existenz zu zweifeln. Denn erstens ist es selbstverständlich, dass solche Gegner lieber im Dunkeln bleiben, andererseits zeigt jedes intensivere Studium Hitlers, dass er ein Gesteuerter und Geführter war. Er selbst hat ja die «Vorsehung» als das ihn von außen Lenkende angegeben. Seine Selbstbestimmung bezieht sich bestenfalls auf die Privatsphäre. Wo aber ein solches Lenkendes und Führendes zu bemerken ist, da muss notwendigerweise auch ein Lenker und Führer im Hintergrund sein. Durch diesen anti-anthroposophischen Hintergrund erscheint die nationalsozialistische Bewegung in einem neuen Licht, sie ist dazu bestimmt, die anthroposophischen Impulse weitestgehend zu verdrängen, das Feld für die Umgestaltung des sozialen Organismus und für die konkreten Kontakte mit der geistigen Welt zu besetzen. Etwas wie ein Bann sollte über all diese Impulse und ihre Träger verhängt werden. Man muss erkennen, dass das weitgehend gelungen ist. Wer dagegen einwenden wollte, dass sich doch die anthroposophischen Einrichtungen seit dem Zweiten Weltkrieg vervielfacht haben, der würde damit nur zu verstehen geben, dass er noch nicht verstanden hat, worum es hier geht. Denn diese Einrichtungen stehen auf einer ganz anderen Ebene und ihre Existenz beweist deswegen nicht, was sie beweisen soll. Auf der hier gemeinten höheren Ebene des Völker- und Menschenschicksals konnten die spirituellen Impulse fast völlig ausgeschaltet werden. Eine Folge davon war, dass die Menschheit mit ungeheuren Blutopfern dafür einen Ausgleich schaffen musste. Was im Bewusstseinsseelenzeitalter ins Bewusstsein kommen könnte, von diesem aber nicht ergriffen werden kann, das versinkt im Unterbewusstsein so, dass es von dort aus zerstörerisch wirkt.

Es bleibt die Notwendigkeit bestehen, dass für die Zukunft von einer wachsenden Zahl von Menschen spirituell so gearbeitet wird, dass dadurch eine Situation entsteht, durch die sich die spirituellen Impulse in Beziehung auf Völker und Menschheit Bahn brechen können.

Zu erinnern ist hier an die einzigartige Erkenntnisleistung des jungen Dichters Hermann Kükelhaus (1920 bis 1944). Er bezeichnete die Hitler-Herrschaft als «kosmisches Karzinom», das «als klinischer Fall des Erdkörpers» anzusehen ist. Diese Diagnose führt zur Therapie. «Die geistige Intensität des Heiligen, das Gottesopfer bewirke die Wendung: sie zerstrahle das Karzinom.» Grandioser und knapper kann das Wesentliche nicht zum Ausdruck gebracht werden.[47]

Die Hitler-Herrschaft hat Spuren hinterlassen, die in eine mehr oder weniger weite Zukunft führen. Damit ist nicht allgemein der fortwirkende Sorat-Impuls gemeint, sondern bestimmte geschaffene Situationen.

Der Holocaust hat zu einer veränderten Stellung des Judentums in der Welt geführt. Nach dem Zweiten Weltkrieg, 1948, konnte der Staat Israel in Palästina gegründet werden. Ob dieser Staat ohne den Holocaust zu diesem Zeitpunkt, ja ob er überhaupt ohne diesen gegründet worden wäre, muss offen bleiben. Sicher ist – ähnlich wie bei der Entwicklung der Atombombe –, dass der Holocaust wesentlich zur Beschleunigung der israelischen Staatsgründung beigetragen hat. Als Fluchtburg und Sammelplatz für die verfolgten Juden aus den verschiedenen Ländern ist Israel ein Staat, der seine Existenz unbedingt sicherstellen muss. Hinter ihm stehen die westlichen Staaten, und vor allem die USA sind zum Garanten der Sicherheit des Staates Israel geworden. Darin liegt Schutz und Gefahr zugleich. Denn mit Recht wird von der arabisch-islamischen Welt der Staat Israel als Vorposten des Westens und insbesondere der USA angesehen. Der gegenwärtig mit den Palästinensern laufende Friedensprozess sollte nicht darüber hinwegtäuschen, dass insbesondere zu den moslemischen Fundamentalisten nach wie vor ein denkbar starker Gegensatz besteht. Auch der Eindruck, dass sich das Verhältnis der Nachbarstaaten zu Israel in letzter Zeit verbessert hat, kann nicht die Tatsache aus der Welt schaffen, dass sich im Nahen Osten ohne eine Vermittlung zwei Staatsauffassungen gegenüberstehen, die sich letztlich ausschließen. Die moslemischen Fundamentalisten erstreben einen Gottesstaat, das heißt einen extremen Einheitsstaat, der seine Legitimation durch die Verwirklichung bestimmter göttlicher Gebote (im Sinne einer bestimmten Auffassung des Islam) erhalten soll. Von diesem Gesichtspunkt aus kann die westlich-demokratische Staatsauffassung nur als Widersacher, als Teufel angesehen werden, so wie umgekehrt die westlichen Demokratien in dem Gottesstaat nicht etwas Erstrebens- oder Erhaltenswertes sehen können. Die Gefahren, die von diesem unausgestandenen Konflikt in Verbindung mit dem Staat Israel ausgehen, sind für eine weitere Zukunft nicht zu übersehen, vor allem, wenn man berücksichtigt, wie in verschiedenen islamischen Ländern zwar in kleineren Kreisen, aber äußerst intensiv eine diesbezügliche geistige Schulung betrieben wird.

Die Sorgen hinsichtlich einer kommenden bedrohlichen Situation werden dadurch nicht geringer, dass man wissen kann, dass Israel trotz aller Dementis zu seiner Verteidigung Atommacht ist und dass die mehr oder weniger weit entfernten Staaten wie Pakistan bereits Atommacht sind oder wie Irak werden wollen. Dies ist zwar durch den zweiten Golfkrieg 1991 verhindert worden, die bestehenden Gegensätze haben sich dadurch aber nicht verringert. Auch wenn es sich bei dem im Auftrag der UN geführten Krieg gegen den Irak um die Bekämpfung einer Aggression handelte, so ist doch das Ansehen des Westens, und besonders der USA, in weiten Kreisen der islamischen Bevölkerung noch weiter gesunken. So bleibt der Nahe Osten ein Sorgenkind der Menschheit für die Zukunft.

Im Weiteren hat die nationalsozialistische Hitler-Tyrannei durch ihren Anspruch, die Impulse der Deutschen zu vertreten und zu verwirklichen, dazu geführt, dass eine tiefgehende Verunsicherung über die wirklichen Aufgaben des deutschen Volkes eingetreten ist. Zu den schwierigsten Erbschaften des Nationalsozialismus als eines Sorat-Impulses gehört die schon lange vorbereitete, aber nun durch den Willen verwirklichte, zur Tatsache gewordene Trennung von Volk und Volksgeist. Die realisierte Verwechslung von Genius und Dämon hat zu einer schwer überwindbaren Verwirrung geführt, die ganz in den Absichten Ahrimans und Sorats liegt. Infolgedessen hat sich etwas wie eine Barriere über den Häuptern gebildet, die weitgehend ein Aufwachen gegenüber den wahrhaften mitteleuropäischen Zukunftsaufgaben verhindert. Nur Einzelnen oder kleinen Gemeinschaften gelingt es gegenwärtig, diese Barriere zu durchdringen. Der Agnostizismus hat es mit sich gebracht, dass zwischen Genius und Dämon nicht unterschieden werden kann, ja letztlich sind für diesen beide inexistent. Diese Auffassung dient in hervorragender Weise den im Nationalsozialismus wirkenden antichristlichen Kräften. Ohne es zu wissen, folgt man diesen Kräften, während man meint, den Nationalsozialismus überwunden zu haben. In der Verleugnung der Geistigkeit wirken diese Kräfte aber im Denken unbemerkt weiter. Insofern kann von einer wirklichen inneren Überwindung des Nationalsozialismus in diesem wie auch in anderen Zusammenhängen nicht die Rede sein.

Nur um jedes Missverständnis auszuschließen, sei betont, dass gerade der deutsche Volksgeist nicht mit Nationalismus, wirtschaftlicher oder militärischer Machtentfaltung zu tun hat. Überhaupt muss klargestellt werden, dass der moderne, gegenwärtige Nationalismus grundsätzlich nicht das Wirken, sondern das Verleugnen des Volksgeistes anzeigt. Der vielerorts zu beobachtende menschenfeindliche, zerstörerische Nationalismus offenbart ja darin seinen dämonischen Charakter. Dieser entsteht, wenn sich die Völker auf Blut und Boden, sozusagen nach unten auf die Finsternis der Erde beziehen und nicht die Orientierung nach oben zu dem Geistwesen des Volkes finden können.

Wollte man für den wahren deutschen Volksgeist einen hymnischen Ausdruck suchen, so könnte man ihn in Mozarts «Zauberflöte» in der Arie Sarastro finden:

«In diesen heil'gen Hallen
kennt man die Rache nicht,
und ist ein Mensch gefallen,
führt Liebe ihn zur Pflicht»

oder im Schlusschor der 9. Symphonie von Beethoven mit den Worten Schillers:

«Freude schöner Götterfunken,
Tochter aus Elysium,
wir betreten feuertrunken,
Himmlische, dein Heiligtum.
Deine Zauber binden wieder,
was die Mode streng geteilt.
Alle Menschen werden Brüder,
wo dein sanfter Flügel weilt.»

Für das deutsche Volk hat die Frage nach dem Volksgeist dadurch besonderes Gewicht, dass es seine Weltaufgabe noch nicht erfüllt hat.

«Der deutsche Geist hat nicht vollendet,
Was er im Weltenwerden schaffen soll.
Er lebt in Zukunftssorgen hoffnungsvoll,
Er hofft auf Zukunftstaten lebensvoll; –
In seines Wesens Tiefen fühlt er mächtig
Verborgenes, das noch reifend wirken muß. –
Wie darf in Feindesmacht verständnislos
Der Wunsch nach seinem Ende sich beleben,
Solang das Leben sich ihm offenbart,
Das ihn in Wesenswurzeln schaffend hält.»[48]

Diesen Spruch hat Rudolf Steiner am Anfang des Ersten Weltkrieges geprägt, Zukunftsaufgabe und Widerstand gleichermaßen bezeichnend. Die schon damals wirkenden feindlichen Kräfte haben sich durch den Nationalsozialismus ins Unermessliche gesteigert. Damit ist nicht gemeint, dass Deutschland den Ersten Weltkrieg hätte gewinnen können oder sollen, sondern, dass aus der notwendigen Katastrophe nichts gelernt wurde, worauf schon oben hingewiesen wurde.

Wenn die Existenz geistiger Wesen als Wirklichkeit erfahren werden kann, bekommt eine Aussage Rudolf Steiners eine außerordentliche Tragweite. «Und mit Michael im innigen Bunde steht das, ... was wir den deutschen Volksgeist nennen – zwei Kräfte: Michael und der deutsche Volksgeist, die durchaus im Einklange sind, und denen es übertragen ist, den Christus-Impuls gerade in unserer Zeit zum Ausdruck zu bringen, wie es dem Charakter unseres Zeitalters entsprechend ist.»[49] Rudolf Steiner unterscheidet hier klar zwischen dem deutschen Volksgeist und dem Zeitgeist, die zwar «im innigen Bunde» im «Einklang» sind, die aber nicht identisch sind. Vergegenwärtigt man sich das Ineinanderwirken von deutschem Volksgeist, michaelischem Zeitgeist und Christus-Geist, so wird deutlich, dass die Verleugnung des Volksgeistes aus einem antichristlichen Impuls hervorgeht und sich nicht nur auf diesen bezieht. Das Sorat-Element der nationalsozialistischen Bewegung enthüllt sich dadurch nochmals klar. Dieses musste notwendigerweise in Mitteleuropa ansetzen, weil von hier aus für die ganze Welt der größte Schaden angerichtet werden konnte. Das hängt mit der Aufgabe zusammen, die trotz allem der deutsche Volksgeist hat und die unabhängig von «Blut und Boden» erfüllt werden kann, von den Menschen, die das wollen. «Wir stehen also vor der bedeutsamen Tatsache, daß in der Zukunft der deutsche Geist dazu berufen ist, im vollen Wachzustande mit den Tatsachen, die in das deutsche Geistesleben eingeflossen sind, den Christus-Impuls immer bewußter aufzunehmen ... Und er muß sich in der Zukunft mit den Seelen in der Weise verbinden, daß es Menschen gibt – die es in Mitteleuropa geben muß, die im Wachzustande, unter Anstrengung ihrer bewußten Geisteskräfte, nicht nur derjenigen, die im physischen Leibe und Ätherleibe sind, auch ihr Ich und ihren astralischen Leib mit dem Christus-Impuls verbinden.»[50]

Diese Bewusstseinskräfte waren noch nie so wichtig wie in der Gegenwart, denn nur durch sie kann die Möglichkeit errungen werden, den Verführungen der bösen Wesenheiten zu widerstehen, zu deren Prinzipien es gehört, den Menschen sozusagen im Unterbewusstsein zu überfallen. Die Frage, wodurch dieses spirituelle Bewusstsein errungen werden kann, wird von Rudolf Steiner klar beantwortet: «Eines Tages springt aus dem Studium der Geisteswissenschaft das Erwachen der Seele hervor, durch das die Seele weiß: Es lebt in dir die geistige Welt, von dem Christus-Impuls herunter durch den Michael bis zum Volksgeist, der das auswirkt, was ausgewirkt werden soll.»[51]

Damit ist im Beginn des 21. Jahrhunderts eine Zukunftsaufgabe für alle diejenigen gestellt, die diese Notwendigkeit erkennen und ergreifen wollen. Die schon eingetretenen Schäden könnten nicht geheilt werden, wenn der deutsche Geist nicht schließlich doch seine Aufgabe erfüllen könnte, die für das Werden der zukünftigen slawischen Kultur unabdingbar ist.

Der deutsche Volksgeist ist von Rudolf Steiner vielfach als der Jüngling mit der erhobenen Fackel bezeichnet worden. Diese Imagination hat Rudolf Steiner insbesondere mit der Individualität von Helmuth von Moltke (1848 bis 1916) in Verbindung gebracht, der zu Beginn des Ersten Weltkrieges Generalstabschef des deutschen Heeres gewesen ist.[52] Er ist karmisch untrennbar mit dem Schicksal des deutschen Volkes und Mitteleuropas verbunden, und die Aufzeichnungen, die Rudolf Steiner nach seinem Tode gemacht hat, offenbaren den spirituellen Willen dieser Individualität, von der Jahrhundertwende an wieder an dieser Aufgabe zu arbeiten. Auf welchen Wegen diese Aufgabe erfüllt werden kann, muss die Zukunft zeigen.

Im Anblick der gegenwärtigen politischen Verhältnisse ist mehr als je zuvor daran zu denken, dass der deutsche Volksgeist sich noch nie mit dem deutschen Staat oder Reich verbunden hat, sondern nur mit einzelnen Ichen, die sich als solche miteinander verbanden.

Der Gott Mammon

Die Betrachtung des 20. Jahrhunderts kann nicht schließen, ohne auf eine Erscheinung einzugehen, die sich gegen Ende des Jahrhunderts stärker und stärker erwiesen hat und von der gewaltige Veränderungen ausgehen. Gemeint ist das, wofür in den letzten fünfzehn Jahren neue, bezeichnende Ausdrücke geprägt wurden: Turbokapitalismus, Kasinokapitalismus, Raubtierkapitalismus, eine Wortschöpfung des ehemaligen Bundeskanzlers Helmut Schmidt, die immerhin die Nähe zu dem apokalyptischen Tier erkennen lässt, das «gleich einem Panther, aber es hatte Füße wie ein Bär, und sein Maul war wie das eines Löwen» geschildert wird (Apokalypse des Johannes, Kap. XIII, Übersetzung E. Bock).

Man kann auch sagen, dass der Gott Mammon seit den achtziger Jahren, gut hundert Jahre nach dem Beginn des Michael-Zeitalters, seinen globalen Griff auf die Menschheit wesentlich verstärkt hat. Die Herrschaft des Geldes als Werkzeug des Mammon ist natürlich nichts Neues; die jetzt gebrauchten Ausdrücke bezeichnen aber eine völlig neue Dimension, von der sich kaum einer hat träumen lassen. Die Entwicklung hat ganz allmählich nach dem Zweiten Weltkrieg begonnen und immer mehr zugenommen durch das weltweite, bald uferlose Schuldenmachen der Staaten, wodurch die Geldbesitzer sich darauf verlassen konnten, ihr Geld zu besten Konditionen sicher – mit Staatsgarantie – anzulegen. Einheitsstaat und Mammon stützen sich gegenseitig. Der nächste Schritt wurde einerseits möglich durch den weltweiten elektronischen Datenverbund, andererseits durch die nahezu perfekte Lösung des Geldes von den Realitäten der Warenproduktion und der Dienstleistung. Das Geld, als solches selbst schon Zeichen für etwas, brachte – ganz im Sinne der Zeittendenz – eine virtuelle Welt hervor, die das Eigentum an Grund und Boden und die Aktien durch das sich selbst vermehrende Geld bewertet. Es geht wirklich zu wie im Kasino, was doch nur eine Umschreibung für Spielhölle ist. Mit den Realitäten hat das nichts mehr zu tun, und doch wirkt das virtuelle Geld als Weltherrschaftsmittel, weil das gesamte Geld mit ihm in eine Konkurrenz treten muss, der es niemals gewachsen sein kann. Wenn man in Sekunden Millionen verdienen kann, wie soll die Wertschöpfung durch menschliche Arbeit dem Stand halten? Das groteske Missverhältnis zwischen den virtuellen und realen Werten hat Helmut Schmidt in einem «Zeit»-Artikel (1999, Nr. 49, S. 1) mit dem Hinweis auf den Eigenhandel der Banken charakterisiert: «Allein ihr täglicher Umsatz untereinander beträgt nach fundierten Schätzungen mehr als das Fünfzigfache des weltweiten Warenhandels.»

Das jetzt herrschende Gesetz des Gottes Mammon heißt, dass die Maximierung des Gewinns für die Aktionäre, der Shareholder Value, das alleinige Ziel ist. Dadurch wird ein Wachstum erzeugt, das in der Lebenswelt nur als Karzinom bekannt ist. Der Wert der Aktie ist weitgehend bestimmt durch die Spekulation, die Beziehung der Aktionäre zu der Wirklichkeit des Unternehmens, an dem sie doch Teileigentümer sind, ist minimalisiert, die Unternehmer selbst sind mehr den Aktionären als ihren Mitarbeitern und dem Betrieb als einer Arbeitsstätte verpflichtet, an Stelle der unmittelbaren Verantwortung ist das Prinzip der schrankenlosen Freiheit getreten, die verheerend wirkt, weil sie sich im sozialen Organismus in einem falschen Bereich festgesetzt hat.

Es ist in diesem Zusammenhang immerhin bemerkenswert, dass Rudolf Steiner in beiden Apokalypse-Zyklen ausdrücklich auf die Aktiengesellschaft eingeht in der Form, wie diese sich in der zweiten Hälfte des neunzehnten Jahrhunderts entwickelt hat. Niemand wird daran zweifeln, dass sich die Situation inzwischen wesentlich zugespitzt hat. Schon zu seiner Zeit musste Rudolf Steiner aber darauf hinweisen, dass «der Mensch in gewisser Weise schon hineingestiegen (ist) in den Abgrund», der hier darin besteht, dass die Persönlichkeit, das Ich, die Herrschaft über das Kapital verlassen hat.[53] «Im Bankwesen ist die Persönlichkeit allmählich zersplittert.»

Als positives Gegenbeispiel erwähnt Rudolf Steiner die Brüder Rothschild, die «das ganze Bankwesen durch die eben darauf gerichtete persönliche Begabung in eine persönliche Sphäre hineingebracht» haben. «Da hat sich die Persönlichkeit eingesetzt für das Geldwesen. Heute sehen Sie das ganze Bankwesen unpersönlich werden. Das Kapital geht an die Aktiengesellschaften über, es wird nicht mehr von der Einzelpersönlichkeit verwaltet. Das Kapital fängt an, sich selbst zu verwalten. Wir haben rein objektive Kräfte, die innerhalb des Kapitals wirtschaften, und sogar schon Kräfte innerhalb dieses Gebietes, die allen Willen der Persönlichkeit an sich ziehen, so daß die Persönlichkeit ohnmächtig geworden ist. So kann man mit sehenden Augen bis hinein in diese weltlichen Dinge die Sache verfolgen und wird überall sehen können, wie die Menschheit in bezug auf die Persönlichkeit zu einem tiefsten Punkt herunterstieg.

Nun kann sich die Persönlichkeit retten und wieder hinaussteigen. Sie kann sich dadurch retten, daß sie zum Beispiel durch Stärkung der inneren seelischen Kräfte wirklich lernt, sich auf sich selbst zu stellen, sich unabhängig zu machen von den objektiven Kapitalsmächten. Die Persönlichkeit kann sich aber auch hineinwerfen in diese Kräfte, kann in gewisser Weise hineinsegeln und hinunterdringen in den Abgrund, sich umgarnen lassen von den im Kapital wirksamen Kräften.»[54] Im Raubtierkapitalismus ist diese letztere Möglichkeit für viele Menschen real geworden, die dadurch tiefsten Schaden an ihrer Seelen- und Ichentwicklung nehmen.

Die zweite Darstellung Rudolf Steiners stellt der positiven Ichentwicklungslinie diejenige gegenüber, die in ihrer Ichfeindlichkeit die heute allgemein anerkannte ist. «Aber eine andere Strömung arbeitet als scharf oppositionelle Strömung auf eine gewisse Pflege des Ichs hin, um dieses Ich immer tiefer in den Materialismus hineinzutreiben, so daß der Materialismus schließlich den Sieg über die Persönlichkeit erringt. Alles äußere praktische Leben löst sich los vom Individuellen, vermaterialisiert sich, zum Beispiel durch die Maßnahmen des mehr und mehr von der Persönlichkeit sich loslösenden Aktiengesellschaftskapitals. Immer mehr wird der Mensch in seiner persönlichen Tüchtigkeit überwunden werden. Die Aktie ist der Weg zur Materialisierung dieses Zweiges der praktischen Menschheitsbeteiligung.

So sehen wir den Materialismus immer mehr überhandnehmen; immer mehr wird die Tendenz dahin gehen, daß die Spiritualisierung der menschlichen Persönlichkeit den Gegensatz bilden muß zum immer mehr überhandnehmenden Materialismus.»[55] Je mehr die Spiritualisierung des menschlichen Ich durch die Erarbeitung der Geisteswissenschaft eine Notwendigkeit wird, desto stärker wird offensichtlich auch die Wirkung der Gegenkräfte.

Eine besondere Methode zur Steigerung der Gewinne für die Aktionäre ist die Fusion gewinnbringender Großunternehmen. Diese sogenannten Elefantenhochzeiten, die einen freundlichen oder feindlichen Charakter haben können, werden mit dem Ziel geschlossen, die Gewinne noch weiter zu steigern und um im Konkurrenzkampf bestehen zu können. Die Konkurrenzkämpfe sind eine neue Form der Kriege. Als Kampfmittel werden enorme Kapitalmengen eingesetzt, die Opfer, die wie Soldaten im Kriege fallen, sind die Mitarbeiter, die – wie es so schön heißt – freigesetzt werden, um konkurrenz-, das heißt kampffähig zu bleiben. Auf das Verfehlte, Sinnlose dieses Kampfes ums Dasein, der Mensch und Natur verheert, wurde oben aufmerksam gemacht. Solange der darin wirkende Irrtum nicht überwunden ist, kann eine Änderung nicht eintreten.

Der Raubtierkapitalismus vom Ende des 20. Jahrhunderts hat alle Bereiche der Gesellschaft monetarisiert und der Logik des Marktes unterworfen. Die Individuen sind zu Marktteilnehmern degradiert, die Menschen sind zum Material für den Verwertungsprozess des Kapitals geworden. Wer nicht mitmacht, fällt raus, wird überflüssig. Das ist in wenigen Worten zusammengedrängt der Tenor des umfangreichen Buches von Robert Kurz «Schwarzbuch Kapitalismus»[56]. Im Laufe des 20. Jahrhunderts sind verschiedene totalitäre Regime aufgetreten, die mehr oder weniger verschwunden sind. Am Ende des 20. Jahrhunderts ist es zur totalen Herrschaft des Gottes Mammon gekommen. Diese totale Herrschaft wird noch gesteigert durch die Globalisierung.

Es soll nicht verkannt werden und unerwähnt bleiben, dass es durchaus ziemlich viele Zeitgenossen gibt, die die menschlich absurde Situation in ihrer Gefahr und Tiefendimension erkennen. Die Gefahr wird vor allem in dem Crash gesehen, der notwendigerweise irgendwann kommen muss, die Tiefendimension wird zunächst im Bewusstsein des unermesslichen Leides, der Not, des Elends und der Zerstörung erlebt, um so zu der Frage nach dem Geist zu führen. Eine herausragende Zeitzeugin in diesem Sinne ist Marion Gräfin Dönhoff, die unter dem Titel «Warum ist das Fest so unbefriedigend?» in der Weihnachtsausgabe der «Zeit» schrieb: «Was muß notwendigerweise geschehen? Es muß wieder eine im Metaphysischen verankerte philosophische Dimension in die politische Diskussion Eingang finden und unsere Vorstellungen von der Welt prägen. Mit anderen Worten: Die Fragen nach dem Sinn von Arbeit und Produktion, nach den Grenzen der Macht, dem Wesen des Fortschritts und dem Zuschnitt der Gesellschaft müssen neu gestellt werden. Erst die Negierung einer höheren Macht hat die totalitäre Macht des Menschen möglich gemacht.

Die ausschließliche Diesseitigkeit, der totale Positivismus, der sich nur mit der Oberfläche der Dinge beschäftigt und jede Tiefendimension vermissen läßt, kann als einzige Sinngebung auf die Dauer nicht befriedigen. Und auch für den Staat reicht die Konzentration auf wirtschaftliche Erfolge als *raison d'être* nicht aus.

Laßt uns Weihnachten zum Anlaß nehmen, wieder der alten Botschaft eingedenk zu werden:

‹Höher denn alle Vernunft …!›

Denn es gibt eine tiefere Wirklichkeit als die Realität, eine höhere Weisheit, als die Schulbücher lehren, und eine größere Befriedigung, als materielle Erfolge zu bieten vermögen.»[57]

Das Berechtigte einer solchen Forderung nach dem «Metaphysischen», nach der «tieferen Wirklichkeit», ist leicht nachzuvollziehen. Für Marion Gräfin Dönhoff selbst haben die moralischen Werte aus einer tiefen traditionellen geistigen Verwurzelung noch eine bestimmende Bedeutung. Die Frage aber bleibt offen, wie der moderne Mensch diese verlorene tiefere Wirklichkeit wiederfinden kann. Denn die tiefere Wirklichkeit, in der der Mensch lebt, ist die geistige Welt, deren menschenfeindliche Wesen das Ich an seinem Erwachen für den guten Geist hindern wollen. Das Ich aber kann durch die geisteswissenschaftliche Arbeit den Weg zu der Wahrheit des Christus-Wortes finden: Mein Reich ist nicht von dieser Welt, was nicht Weltflucht bedeutet, sondern in der Gegenwart das Bewusstsein schafft von dem notwendig sich vollziehenden Schwellengang der Menschheit.

Von den spirituellen Aufgaben vor dem 3. Jahrtausend

Höchst selten hat Rudolf Steiner für etwas Zukünftiges einen genauen Termin angegeben. Er hat aber Aufgaben benannt, die noch vor dem 3. Jahrtausend zum Heile der Menschheit erfüllt werden sollten. «Wir stehen nur noch eine kurze Zeit entfernt vor dem Beginn des 3. Jahrtausends», sagt Rudolf Steiner am 9. Oktober 1918 in Zürich.[58] «Es beginnt ja das 3. Jahrtausend bekanntlich mit dem Jahre 2000.» Worum handelt es sich? Zunächst weist Rudolf Steiner darauf hin, dass die Geister der höheren Hierarchien immer an den Hüllen des Menschen gearbeitet haben und dass dadurch die menschheitliche Entwicklung, nicht zuletzt bis in die sozialen Gestaltungen bewirkt wurde. Aber auch in der Gegenwart sind die Geistwesen am Menschen tätig, ohne dass er etwas davon weiß. Im Zeitalter der Bewusstseinsseele besteht aber die neue Notwendigkeit, dass die spirituellen Geschehnisse als solche vom Menschen bewusst erfasst werden, worauf schon oben in anderem Zusammenhang eingegangen wurde. Man kann sich sagen, dass das, was auf diese Weise in den drei Hüllen geschieht, im Ich bewusst werden soll.

Konkret wird die Frage aufgeworfen, was die Hierarchie der Angeloi gegenwärtig in den Astralleibern der Menschen tun. Die Engel weben in den Astralleib Bilder für die

Zukunft hinein. «Würden diese Bilder nicht geformt, so gäbe es keine Entwickelung der Menschheit in die Zukunft hinein, die den Absichten der Geister der Form entspricht. Was die Geister der Form mit uns bis zum Ende der Erdenentwickelung weiter erreichen wollen, das müssen sie zuerst in Bildern entwickeln, und aus diesen Bildern wird dann später die umgestaltete Menschheit, die Wirklichkeit. Und diese Bilder in unserem astralischen Leibe formen heute schon die Geister der Form durch die Engel. Die Engel formen im menschlichen astralischen Leib Bilder, Bilder, die man mit dem zur Hellsichtigkeit entwickelten Denken erreichen kann.»[59]

Die Engel haben «bei dieser ihrer Arbeit eine ganz bestimmte Absicht für die künftige soziale Gestaltung des Menschenlebens auf Erden; und sie wollen solche Bilder in den menschlichen astralischen Leibern erzeugen, welche ganz bestimmte soziale Zustände im menschlichen Zusammenleben der Zukunft herbeiführen.»[59]

Zu welchen Zukunftsidealen soll das Formen der Bilder führen?

«Es wirkt der Grundsatz, daß in der Zukunft kein Mensch Ruhe haben soll im Genusse von Glück, wenn andere neben ihm unglücklich sind. Es herrscht ein gewisser Impuls absolutester Brüderlichkeit, absolutester Vereinheitlichung des Menschengeschlechtes, richtig verstandener Brüderlichkeit mit Bezug auf die sozialen Zustände im physischen Leben.»[59]

Zu diesem ersten Impuls, der durch die Bilder erzeugt wird, gesellt sich ein zweiter.

«Es soll werden so, daß wir nicht den Menschen gewissermaßen wie ein höherentwickeltes Tier nur seinen physischen Qualitäten nach betrachten, weder in der Theorie noch in der Praxis, sondern daß wir jedem Menschen entgegentreten mit dem voll ausgebildeten Gefühl: In dem Menschen erscheint etwas, was aus den göttlichen Weltengründen heraus sich offenbart, durch Fleisch und Blut sich offenbart. – Den Menschen zu erfassen als Bild, das sich aus der geistigen Welt heraus offenbart, so ernst als möglich, so stark als möglich, so verständnisvoll als möglich, das wird in die Bilder durch die Angeloi gelegt.»[59]

Ein dritter Impuls besteht darin, «den Menschen die Möglichkeit zu geben, durch das Denken zum Geist zu gelangen, durch das Denken über den Abgrund hinweg zum Erleben im Geistigen zu kommen»[59].

Und dieses Ganze zusammenfassend heißt es: «Geisteswissenschaft für den Geist, Religionsfreiheit für die Seele, Brüderlichkeit für die Leiber, das tönt wie eine Weltenmusik durch die Arbeit der Engel in den menschlichen astralischen Leibern. Man braucht, möchte ich sagen, nur sein Bewußtsein bis zu einer gewissen anderen Schichte hinaufzuheben, dann fühlt man sich hineinversetzt in diese wunderbare Arbeitsstätte der Angeloi in dem menschlichen astralischen Leibe.»[59]

Damit wendet sich der Blick von der Arbeit der Engel dem Menschen zu: «Die Menschen müssen rein durch ihre Bewußtseinsseele, durch ihr bewußtes Denken dazu kommen, daß sie schauen, wie es die Engel machen, um die Zukunft der Menschheit vorzubereiten.»[59] Im Zeitalter der Freiheit ist es aber selbstverständlich in die Freiheit der Menschen gestellt, ob er «das betreffende Ereignis verschlafen oder mit voller Bewußtheit ihm entgegengehen will»[59]. Als Ausdruck der Freiheit stellt sich dieses Bewusstsein nicht von selber ein, es ist ein Ergebnis, «wenn man nur Geisteswissenschaft studiert und richtig bewußt versteht»[59].

«Und wenn die Menschen immer mehr und mehr Geisteswissenschaft studieren, wenn sie sich die Begriffe und Ideen aneignen, die in der Geisteswissenschaft gegeben sind, dann werden sie in ihrem Bewußtsein soweit erwachen, daß gewisse Ereignisse eben nicht verschlafen werden, sondern bewußt vorübergehen.»[59]

Es versteht sich von selbst, dass in einer Situation, in der das Ich zu der Tätigkeit des realen Geistwesens erwachen kann, Luzifer und Ahriman nicht untätig sein werden, da ihnen daran liegen muss, gerade dieses Geisterwachen zu verhindern. Wenn man bedenkt, wie oft Rudolf Steiner das Wirken der luziferischen Wesen in dem Sinne beschrieben hat, dass sie Impulse geben zur Selbständigkeit des Menschen, so sind die folgenden Ausführungen überraschend, erstaunlich.

Die luziferischen Wesen «machen es so, daß sie den freien Willen des Menschen hemmen. Sie versuchen, dem Menschen Dunkelheit zu geben über die Praxis seines freien Willens, indem sie ihn zwar zu einem guten Wesen machen – Luzifer will von diesem Gesichtspunkte aus, den ich jetzt berühre, beim Menschen eigentlich das Gute, das Geistige –, aber er will ihn automatisch machen, ohne freien Willen; es soll der Mensch ins Hellsehen nach guten Prinzipien hineinversetzt werden, aber gewissermaßen automatisch; die luziferischen Wesenheiten wollen dem Menschen seinen freien Willen, die Möglichkeit zum Bösen, nehmen. Sie wollen ihn so machen, daß er zwar aus dem Geiste heraus, aber wie ein geistiges Abbild handelt, nämlich ohne freien Willen.»[59]

Festzuhalten ist zunächst der untrennbare Zusammenhang des freien Willens mit der Möglichkeit zum Bösen, der einerseits der Gegenwart ihr furchtbares Antlitz verleiht, andererseits aber dahinter eine noch nie dagewesene Möglichkeit eröffnet. Die von Rudolf Steiner dargestellten luziferischen Impulse sind in der Gegenwart deutlich zu beobachten. Vielfach wird nach einem Hellsehen gestrebt – und es wird zum Teil auch erreicht –, von dem man nicht sagen kann, dass sich aus dem Denken die Hellsichtigkeit entwickelt. Eine gewisse Verachtung des Denkens und der Wissenschaft geht damit einher. Das Gefühl, ein guter Mensch zu sein, der sich auf dem rechten Weg befindet, kann zu Überheblichkeit und Missionsdrang führen. Da es sich bei den von Luzifer verliehenen höheren Fähigkeiten in gewissem Sinne um Wirklichkeiten handelt, geht von solchen Menschen eine Wirkung auf andere Menschen aus, die diese in Abhängigkeit und Gefolgschaft bringen.

Die luziferischen Impulse offenbaren sich in ihrer unfrei machenden Kraft sowohl bei dem, der sie direkt im Innern aufnimmt, als auch bei dem, der sie von anderen Menschen empfängt. Ein besonderes Merkmal ist auch, dass Luzifer dem Menschen die Möglichkeit zu einer echten, wahren Selbsterkenntnis nimmt. Der Mensch hüllt sich wie in eine wohlige Wolke höherer Bestimmung ein, die ihm das oben beschriebene ernste Bild des Hüters der Schwelle verhüllt. In der vielfältigen Esoterik-Szene sind die luziferischen Tendenzen leicht zu bemerken in dem Suchen nach höheren Kräften oder gar dem Hellsehen, in dem Erfülltsein von einem Guten, das nicht durch Erkenntnis errungen ist, in dem Misstrauen gegenüber dem Denken, das als nicht entwicklungsfähig empfunden wird. In der Verneinung der

Entwicklungsfähigkeit des Denkens und in der Vermeidung der Begegnung mit dem Hüter der Schwelle, die das Erlebnis der Realität der widerstrebenden geistigen Wesen einschließt, gipfeln alle diese Bestrebungen.

Die ahrimanischen Wesen streben demgegenüber danach, «in dem Menschen das Bewußtsein seiner Geistigkeit zu ertöten. Sie streben danach, dem Menschen die Anschauung beizubringen, daß er eigentlich nur ein vollkommen ausgebildetes Tier ist. Ahriman ist in Wahrheit der große Lehrer des materialistischen Darwinismus, Ahriman ist auch der große Lehrer all derjenigen technischen und praktischen Betätigung innerhalb der Erdenentwickelung, die nichts gelten lassen will als das äußere sinnenfällige menschliche Leben, die nur eine ausgebreitete Technik haben will, damit in raffinierter Weise der Mensch dieselben Eß- und Trinkbedürfnisse und sonstigen Bedürfnisse befriedigt, die auch das Tier befriedigt. In dem Menschen ertöten, verdunkeln das Bewußtsein, daß er ein Abbild der Gottheit ist, das streben für die Bewußtseinsseele durch allerlei raffinierte wissenschaftliche Mittel die ahrimanischen Geister in unserer Zeit an.»[59]

Man kann erschrocken sein, wie hier von Rudolf Steiner ein gewisser großer Bereich des modernen Lebens in seiner spirituellen Realität enthüllt wird, denn niemand kann sich darüber hinwegtäuschen, dass sich die beschriebenen Tendenzen im Lauf des 20. Jahrhunderts verstärkt haben und gewiss weiter verstärken werden. Das Schlimme ist in erster Linie nicht, dass es so ist, sondern die Ansicht, damit dem Fortschritt und den Menschen zu dienen. Ahriman hat einen gewaltigen Irrtum über den Menschen aufgebaut, der um so schwerer zu überwinden ist, weil es Ahriman gelungen ist, der Menschheit den Glauben einzuimpfen, dass es ihn gar nicht gibt. Die von Ahriman aufgestellte Erkenntnishürde wird die Menschen fördern, die sie überwinden und dadurch der Menschheit helfen können.

Wenn man sich mit den Bildern beschäftigt, die die Engel, impulsiert von den Geistern der Form (den Elohim, den Ich-Geistern), in die menschlichen Astralleiber einweben, kann man zunächst bemerken, dass in ihnen eine Weiterentwicklung, eine ins Wesen gehende Vertiefung der Ideale der Französischen Revolution (Freiheit, Gleichheit, Brüderlichkeit) lebt. Es wird auch verständlich, dass diese Ideale unzählige Menschen ehrlich bewegt haben, dass diese aber ohne den geistigen Hintergrund in ihrer scheinbaren Widersprüchlichkeit schwer verständlich sind oder gar verwirrend wirken.

Die unvermeidbare Frage, ob es bis zur Jahrtausendwende in einer genügend großen Anzahl von Menschen zu einem Bewusstwerden – wenigstens anfänglich – der Arbeit der Engel gekommen ist, kann nur zu einer sich darauf beziehenden Betrachtung des 20. Jahrhunderts führen. Dabei kann es sich natürlich nur darum handeln, von dem zu sprechen, was irgendwie sichtbar geworden ist. Was sich im Inneren von Menschenseelen, im vom Schweigen umhüllten Innenraum vollzogen hat und mit in den Tod genommen wird, kann einer solchen Betrachtung nicht unterliegen.

Spuren aber der Arbeit der Engel sind durchaus zu finden. Als ein Beispiel der zukünftigen Brüderlichkeit mag gelten, was Viktor Frankl berichtet: «Wer von denen, die das Konzentrationslager erlebt haben, wüßte nicht von jenen Menschengestalten zu erzählen, die da über die Appellplätze oder durch die Baracken des Lagers gewandelt sind, hier ein gutes Wort, dort den letzten Bissen Brot spendend.»[60] Da ist etwas real geworden, was Rudolf Steiner beschreibt; ob die Realität mit Bewusstsein erfasst wurde, mag offen bleiben, erscheint hier aber unwesentlich.

So sehr einerseits durch den Egoismus der Blick auf den Mitmenschen dunkel geworden ist, so sehr ist doch – hier und da – das beginnende Erwachen für die geistige Wirklichkeit des anderen Menschen zu beobachten.

Das Studium der Geisteswissenschaft als erste Stufe der modernen Einweihung kann so intensiv betrieben werden, dass es zu einem wachsenden Erwachen in der geistigen Welt führt. Dies hängt vor allem davon ab, ob das Studium als Studium ernst genommen wird, in der Verpflichtung der Geisteswissenschaft gegenüber und in der unabdingbaren opferwilligen Arbeitsgesinnung.

In der Konsequenz des Freiheitsgedankens musste Rudolf Steiner auch darstellen, was eintreten würde und müsste, wenn den Menschen die Arbeit der Engel nicht in genügendem Maße als solche bewusst würde. Im Prinzip muss die Arbeit der Engel unbedingt an das vorgesehene Ziel kommen – wenn sie nicht zu einem Unglück für die Menschen führen soll. Denn das okkulte Gesetz besagt, dass etwas, das vom Bewusstsein erfasst werden soll und kann, aber in Wahrheit nicht erfasst wird, in den Abgrund des Unbewussten stürzt und von da an verheerend wirkt. So deutet Rudolf Steiner darauf hin, dass die Arbeit der Engel nicht zum Spiel werden kann. «Nur dadurch, daß das sich in der Menschheit verwirklicht, dadurch ist es kein Spiel, sondern Ernst.»[61] Die Engel können ihre Arbeit nicht deswegen zurücknehmen, weil die Menschen sie nicht zum

Bewusstsein erheben können; damit würde das, was als Impuls, als Auftrag der Geister der Form dahinter steht, zum Spiel gemacht. Um das zu verhindern, müsste mit Notwendigkeit etwas eintreten, das schmerzvoll-tragisch wäre. Indem Rudolf Steiner diese Möglichkeit darstellt, erweitert er sogleich seine Darstellung dadurch, dass er eine Verbindung mit der Christus-Erscheinung herstellt.

«Und wenn das nun doch geschähe, wenn doch die Erdenmenschheit dabei beharren würde, das wichtige geistige Offenbarungsereignis der Zukunft zu verschlafen? Wenn die Menschen zum Beispiel den mittleren Teil – die auf die Religionsfreiheit bezügliche Sache – verschlafen würden, wenn sie die Wiederholung des Mysteriums von Golgatha auf dem Ätherplane, von der ich oft gesprochen habe, die Wiedererscheinung des ätherischen Christus, wenn sie das verschlafen würden, oder die anderen Dinge verschlafen würden, dann müßte dasjenige, was mit den Bildern im astralischen Leibe des Menschen erreicht werden soll, auf einem anderen Wege von den Engeln angestrebt werden. Und das, was die Menschen in ihrem Astralleibe nicht erreichen lassen, indem sie wach werden, das würde in diesem Falle angestrebt dadurch, daß die Engel ihre Absichten verwirklichen durch die schlafenden Menschenleiber. Also dasjenige, was die Menschen verschlafen würden im Wachzustande und die Engel dadurch nicht erreichen können, das würde erreicht werden mit Hilfe der in dem Bette liegenbleibenden menschlichen physischen Leiber und Ätherleiber während des Schlafens. Dort würden die Kräfte gesucht werden, um das zu erreichen.»[61]

Das bezeichnet Rudolf Steiner als «die große Gefahr für das Bewußtseinszeitalter. Das ist dasjenige Ereignis, welches sich noch vollziehen könnte, wenn die Menschen sich nicht zu dem geistigen Leben hinwenden wollten, vor dem Beginn des 3. Jahrtausends.» Diese Gefahr besteht darin, «daß die Engel ihre ganze Arbeit aus dem astralischen Leib des Menschen herausholen müßten, um sie unterzutauchen in den Ätherleib, damit sie sich verwirklichen könne, aber der Mensch würde nicht drinnen sein». Die geistige Führung vertraut darauf, dass die Menschheit die ihr im Bewusstseinszeitalter zukommende Aufgabe, von der auch die Entwicklung der hierarchischen Wesen abhängt, erfüllen wird. Geschieht das nicht, dann sondert sich die Menschheit ab von den Hierarchien, es tritt etwas wie ein Sündenfall ein. Was dadurch geschieht, dass die Engel statt in den Astralleib in den Ätherleib hinein arbeiten, liegt in dem menschenkundlich leicht verständlichen Satz: «Es wird Instinkt statt Freiheitsbewußtsein, aber es wird dadurch schädlich», weil der Lebensorganismus sich in einem Schlafzustand befindet. Wie einschneidend diese Veränderung nicht nur für die Menschen, sondern auch für «gewisse Engel» wäre, geht aus den folgenden Worten Rudolf Steiners hervor, die die Grenzen des Aussprechbaren erreichen. «Und zwar drohen schädlich zu werden gewisse instinktive Erkenntnisse, die in die Menschennatur kommen sollen und die zusammenhängen mit dem Mysterium der Geburt und der Empfängnis, der Konzeption, mit dem ganzen sexuellen Leben, wenn die Gefahr eintreten sollte, von der ich gesprochen habe, durch gewisse Engel, die dann selber eine gewisse Veränderung durchmachen würden, von der ich nicht sprechen kann, weil diese Veränderung zu jenen höheren Geheimnissen der Initiationswissenschaft gehört, von denen heute noch nicht gesprochen werden darf.»[61]

Was die Menschheit als Glied der Hierarchien nicht zu leisten vermag, hat auch Rückwirkungen auf die Hierarchien. Für die Menschen aber würden aus dem Sexualleben Instinkte auftreten, «die nicht bloß Verirrungen bedeuten würden, sondern die übergehen würden ins soziale Leben; vor allen Dingen die Menschen veranlassen würden durch das, was dann in ihr Blut kommen würde infolge des Sexuallebens, jedenfalls nicht irgendwelche Brüderlichkeit auf der Erde zu entfalten, sondern sich immer aufzulehnen gegen die Brüderlichkeit. Das aber würde Instinkt sein.»[61]

Was die Menschheit, insbesondere seit den sechziger Jahren des vergangenen Jahrhunderts, auf dem Gebiet der Empfängnis und Empfängnisverhütung durch die sogenannte sexuelle Revolution oder Befreiung geleistet hat, muss wohl mit seinen unermesslichen sozialen Auswirkungen als Ausdruck der eingetretenen schädlichen Entwicklung gesehen werden. Ein extremer Egoismus, eine brutale Anti-Brüderlichkeit sind besonders in Verbindung mit dem Gott Mammon vielfach zu beobachten. Sie werden als naturgegeben akzeptiert und dienen als Rechtfertigung für eine Sozial- oder Gesellschaftsordnung, die diesen Namen in ihrer Menschenfeindlichkeit nicht verdient. «Wenn die Menschen zu halben Teufeln werden durch ihre sexuellen Instinkte», dann wird das von der Naturwissenschaft als eine «Naturnotwendigkeit» angesehen werden.[61] Da die Naturwissenschaft gar kein Bild vom Menschen hat, kann sie der Sozialwissenschaft auch keine vermitteln. «Solche Dinge sind eben nur im geistigen Erkennen, im übersinnlichen Erkennen durchschaubar.»

Wenn es zu einer Verkehrung der Arbeit der Engel durch das Nichterwachen zur spirituellen Realität kommen sollte, dann würde an die Stelle der sich vertiefenden, den Geist erfahrenden Menschen- oder Christus-Begegnung ein Gegenvorgang treten. Während die geistige Begegnung mit einem Menschen oder mit dem Heiland – hier sagt es schon das Wort – ohne Frage etwas Heilendes und Gesundendes hat, wird die sich auf den Ätherleib beziehende, veränderte Arbeit der Engel eine gegenteilige Wirkung haben. Es wird sich ergeben «die instinktive Erkenntnis gewisser Heilmittel, aber eine schädliche Erkenntnis gewisser Heilmittel. Alles dasjenige, was mit Medizin zusammenhängt, wird eine ungeheure, im materialistischen Sinne ungeheure Förderung erfahren. Man wird instruktiv Einsichten bekommen in die Heilkraft gewisser Substanzen und gewisser Verrichtungen, und man wird ungeheuren Schaden anrichten dadurch, aber man wird den Schaden nützlich nennen. Man wird das Kranke gesund nennen.»[61]

Wenn man sich fragt, was hier unter der «instinktiven Erkenntnis» verstanden wird, wird man darauf geführt, dass die Suche nach neuen Arzneien mehr oder weniger einen Zufallscharakter hat. Man geht nicht von einem wirklichen Bild der Krankheit aus und sucht auf Grund einer Erkenntnis in der Natur gezielt nach den Substanzen, die aus einer gegebenen Verbindung mit der Krankheit heilend wirken können. Heute werden Tausende und Abertausende chemische Substanzen auf ihre etwaige Wirkung als Arzneimittel getestet, wobei sich dann die eine oder andere Substanz in der gewünschten Richtung als wirksam erweist. Diesem Zufallsverfahren liegt weder eine wirkliche Erkenntnis der Krankheit noch der Substanz zu Grunde. Das wird sofort klar, wenn man die Frage nach dem karmischen Hintergrund der Krankheiten und der Stellung einer

Natursubstanz im Zusammenhang mit Erde und Kosmos stellt. Denn davon kann keine Rede sein. Auf die hier geschilderte Weise wurde zum Beispiel das Penicillin als erstes Antibiotikum gefunden.

Bei alledem spielt heute – wie selbstverständlich – die Aussicht auf den Gewinn eine entscheidende Rolle. Wer sich auf dem riesigen Pharmamarkt durch ein neues Produkt etabliert, kann gewaltigen Nutzen daraus ziehen. Das alles wäre natürlich nicht möglich, wenn nicht im Publikum weitverbreitet der intensive Wunsch lebte, durch die entsprechenden Medikamente von den Krankheiten befreit zu werden. Insofern die Krankheiten aber mit dem Schicksal des Menschen zutiefst verbunden sind, fordert ihre Heilung auch ein Eingehen auf diese Hintergründe und nicht nur ein Kurieren der Symptome. Es kann etwas wie eine scheinbare Heilung eintreten, während die zu Grunde liegende Krankheit nicht geheilt ist, weil das in ihr wirkende Karma nicht gelöst werden konnte. Damit wird das zukünftige Schicksal des Menschen belastet, weil die karmische Lösung nur verschoben worden ist.

Alles deutet darauf hin, dass im 21. Jahrhundert gentechnisch hergestellte Medikamente und die Gentherapie eine zunehmend große Rolle spielen werden. Besonders der Versuch, durch gentechnische Manipulation des Erbgutes Krankheiten zu vermeiden, muss als ein Extremfall der heute üblichen Forschungsmethode gelten, denn niemand kann für sich in Anspruch nehmen, die wirkenden Zusammenhänge und die eintretenden Folgen auch nur annähernd zu überschauen. Es ist ein Vabanque-Spielen mit dem Feuer.

Als drittes weist Rudolf Steiner auf etwas hin, was wohl bis jetzt noch nicht entdeckt worden ist. Es ist das Gegenstück zu dem Studium der Geisteswissenschaft, durch das der Mensch sich die Ideen und Begriffe der geistigen Welt aneignet. Rudolf Steiner weist darauf hin, «daß man ganz bestimmte Kräfte kennenlernen wird, durch die man, ich möchte sagen, nur durch ganz leichte Veranlassungen, durch Harmonisierung von gewissen Schwingungen, in der Welt große Maschinenkräfte wird entfesseln können. Eine gewisse geistige Lenkung des maschinellen, des mechanischen Wesens wird man gerade auf diese Weise instinktiv erkennen lernen, und die ganze Technik wird in ein wüstes Fahrwasser kommen. Aber dem Egoismus der Menschen wird dieses wüste Fahrwasser außerordentlich gut dienen und gefallen.»[61]

Wenn in Zukunft «eine menschheitsschädigende Medizin, eine furchtbare Verirrung der sexuellen Instinkte, ein furchtbares Getriebe im reinen Weltmechanismus in der Verwertung der Naturkräfte durch Geisteskräfte» kommen würde, so würde das «eine Abirrung sein von demjenigen Wege, der in der Menschheit selbst der Eigenwesenheit des Menschen vorgeschrieben ist».

Der hier wegen seiner einzigartigen Bedeutung für die Jahrhundert- und Jahrtausendwende absichtlich ausführlich wiedergegebene Vortrag Rudolf Steiners gibt dieser Wende durch die Angabe des genauen Termins ein außerordentliches Gewicht. Denn wenn auch Rudolf Steiner – eine andere Möglichkeit andeutend – sagt, dass das Ereignis «um ein Jahrhundert früher oder später kommen» kann, so ist doch nicht zu verkennen, dass das Jahrtausendende als Wendepunkt deutlich hervorgehoben wird. Daraus muss sich die Frage ergeben, inwieweit im 20. Jahrhundert die gestellten Bewusstseinsaufgaben in Freiheit erfüllt werden konnten. Dabei ergibt sich im Rückblick der Eindruck, dass das bestenfalls teilweise gelungen ist. Dafür spricht auch, dass sich die von Rudolf Steiner dargestellten möglichen Verirrungen in zwei Bereichen bereits klar als Realitäten gezeigt haben. Ob sie ihre Höhepunkte schon erreicht haben, mag eine Frage sein.

Der Entscheidungscharakter des 20. Jahrhunderts wird durch diesen Vortrag Rudolf Steiners unterstrichen. Die ganze Tragik der Bewusstseinsentwicklung kann gefühlt werden, wenn man sich vergegenwärtigt, dass die von den Geistern der Form impulsierte Arbeit der Engel an dem Astralleib auf die Freiheitsentscheidung des Menschen vertraut und hofft. Eine schmerzvolle Enttäuschung müssen die Engel verkraften, weil das Erwachen zu der Wirklichkeit der geistigen Wesen vielfach noch auf sich warten lässt. So ist auch der Aufschwung zu der Freiheit eine Aufgabe, die vom 20. Jahrhundert weitergegeben wird. Für das 21. Jahrhundert kann nur die Hoffnung bestehen, dass die Frist zum Erwachen für die Arbeit der Engel um ein Jahrhundert verlängert wird.

Die Situation an der Wende zum 21. Jahrhundert, zum 3. Jahrtausend

«Verwirrung und Verwüstung»

«Verwirrung und Verwüstung wird herrschen, wenn das Jahr 2000 herannaht», sagt Rudolf Steiner in einem Vortrag vor dem Ersten Weltkrieg in Zusammenhang mit dem Bau des Goetheanum in Dornach.[62]

Die Verwirrung, die sich der Seelen, wie man wohl feststellen muss, immer mehr bemächtigt, steht in Zusammenhang mit dem Schwellengang und der Prüfung durch den Hüter der Schwelle, über die schon oben gesprochen wurde. Das Stehen vor dem Hüter der Schwelle ruft die notwendige Trennung der Seelenglieder für den Eintritt in die geistige Welt hervor. Aber nur durch einen schmerzvollen Bewusstseinsakt wird die Begegnung fruchtbar und stärkend. Verbleibt das Erlebnis im Unterbewusstsein, wie es tatsächlich in der Gegenwart vorwiegend geschieht, dann verwirren die widerstreitenden Wesen das menschliche Ich. Ahriman schafft im Denken die Begriffsverwirrung, die sich im Intellekt aus dem reinen Nominalismus ergibt. Dadurch, dass die Begriffe als losgelöst von einer spirituellen Realität erlebt werden, werden die Worte zu leeren Hülsen, die keine Verbindlichkeit mehr in sich tragen.

Luzifer schafft im Fühlen die falsche Freiheit, die Willkür, den Persönlichkeitsgeist, der das Subjekt an die Stelle des Objektes setzt, aber in dem Wahn lebt, dass es umgekehrt sei.

Die Asuras schaffen im Willen das Misstrauen in die geistige Welt, wodurch der Wille von der karmischen Führung losgerissen werden soll. Das Ich soll in den unbewussten Willenstiefen nicht die Wirklichkeit der geistigen Wesen finden, sondern das Nichts, was zur Halt-, Ziel- und Wertlosigkeit führt.

Die Unbewusstheit über diese Situation vor dem Hüter der Schwelle verdeckt zwar für das bewusste Ich diese Lage, aber die Decke ist denkbar dünn, so dass das Ich in den Seelentiefen verwirrt und verunsichert wird. Das Einzige, was in dieser furchtbaren Situation wirklich helfen kann, ist zugleich das, was der moderne Mensch in seinem Bewusstsein noch immer am schwersten erfasst. «Wir wissen, daß, wenn das erste Drittel dieses Jahrhunderts vorbei ist, der Christus geschaut werden wird in seiner Äthergestalt und daß dies einen gewaltigen Impuls abgeben wird neben all den untergehenden Neigungen dieses Jahrhunderts … Wir sollen freiwillig diesen neuen Christus-Impuls aufnehmen, damit wir Luzifer und Ahriman Widerstand leisten können.»[62] Hier wird Klarheit darüber geschaffen, wodurch der ungeheuren Herausforderung allein begegnet werden kann, was gewiss auch für die nicht ausdrücklich genannten Asuras gilt. Heroische Einzelgestalten hat es gegeben, die aus der Christus-Begegnung spirituellen Widerstand geleistet haben, zugleich wird aber auch deutlich, warum dieser Widerstand vergleichsweise gering geblieben ist.

Leichter als die Verwirrung ist die Verwüstung zu erkennen. Diese hat eine äußere und eine innere Seite. Die äußere erscheint in der Not, dem Elend und der Verzweiflung von Millionen Menschen und in der stellenweise unglaublichen Zerstörung und rücksichtslosen Ausbeutung der Natur, die überall schwer belastet ist, insbesondere der lebendige Ackerboden.

Dennoch ist die innere Verwüstung noch einschneidender. Die seelische Not, die innere Ausweglosigkeit, die geistige Haltlosigkeit treiben unzählige Menschen in Schalheit und Leere, über die sich die einen durch ein betriebsames Leben hinwegtäuschen, die anderen durch die eine oder andere Droge betäuben.[63] Diese Betäubung kann bis zur Selbstzerstörung gehen. Der letzte Ausweg für diese unerträglich werdende Seelenleere kann auch ein Selbstmord sein.

Dass die innere Verwüstung nicht immer an die Oberfläche kommt, ja dass das Bewusstsein sie verleugnet, sollte nicht der Anlass dazu sein, sich über sie hinwegzutäuschen.

Das 21. Jahrhundert eröffnet aber auch einen erfreulichen Ausblick. Erstaunlicherweise nennt Rudolf Steiner ein bestimmtes Jahr, in dem die anthroposophische Bewegung deutlich wahrnehmbar hervortreten wird. «Aber wenn das Jahr 2086 kommt, wird man überall in Europa aufsteigen sehen Bauten, die geistigen Zielen gewidmet sind und Abbilder sein werden von unserem Dornacher Bau mit seinen zwei Kuppeln. Das wird die goldene Zeit sein für solche Bauten, in denen das geistige Leben blühen wird.»[64] Welche Verwandlungen werden sich in dem neuen Jahrhundert vollziehen müssen, um das Wirklichkeit werden zu lassen!

Blickt man zunächst mehr von außen auf das 20. Jahrhundert zurück, so kann es einem als Jahrhundert Sorats erscheinen, weil diese geistige Macht sich noch nie so intensiv verstärkend in einem Jahrhundert geltend gemacht hat. Dem tiefer eindringenden Blick zeigt sich aber alsbald, dass dies nur die Oberfläche ist. Denn Sorat als Sonnendämon kann nicht für sich allein auftreten, er ist vielmehr abhängig von dem, den er verfolgt. Denn es bleibt doch die Wahrheit bestehen, dass die Impulsation des ganzen Geschehens von dem Sonnengeist ausgeht. Christus und Sorat als Antichrist, Sonnengeist und Sonnendämon stehen sich im 20. Jahrhundert und besonders an dessen Ende gegenüber. «Zum Ende dieses Jahrhunderts kommen wir, wo Sorat wiederum aus den Fluten der Evolution am stärksten sein Haupt erheben wird, wo er sein wird der Widersacher jenes Anblicks des Christus, der den dazu vorbereiteten Menschen schon in der ersten Hälfte des 20. Jahrhunderts werden wird durch die Sichtbarwerdung des ätherischen Christus.»[65] Im Zusammenhang dieser Darstellung nennt Rudolf Steiner ausdrücklich das Jahr 1998, das er in einen großen Entwicklungsrhythmus hineinstellt, auf den einzugehen hier nicht nötig ist.[66]

Im 20. Jahrhundert ist aber das 33-Jahre-Gesetz der geschichtlichen Entwicklung in Beziehung auf Christus und Sorat deutlich zu erkennen: 1932/33 – 1965/66 – 1998/99.[67] Es könnte so scheinen, dass sich die Wirkungen nicht verstärkt, sondern abgeschwächt haben. Das wäre aber eine Täuschung, denn die antichristlichen Tendenzen haben sich in Wirklichkeit wesentlich verstärkt. Der

Grund der Täuschung liegt darin, dass diese antichristlichen Tendenzen gegenwärtig einerseits versteckter, subtiler, unbewusster wirken als in den dreißiger Jahren und dadurch viel schwerer zu erkennen sind, dass sie andererseits vor allem im öffentlichen Leben – wie zum Beispiel in der Staatsauffassung – allgemein anerkannt und gewollt sind und als solche nicht durchschaut werden. Das hängt natürlich auch damit zusammen, dass eine konkrete Erkenntnis der Christus-Wesenheit nicht vorhanden ist, ja im Anblick der Zeit muss man wohl sagen, dass Christus als geistlebendige Wesenheit der Menschheit weitgehend verloren gegangen ist. Während so der Antichrist das äußere Leben besetzt hält, erscheint der wiederkommende Christus dem erwachenden Bewusstsein, wenn sich dieses der geistigen Realität öffnet und sich zu dieser zu erheben vermag.

Die Kraft der Verdeckung dieser Tatsache ist deswegen so groß, weil die Kraft des Verdeckten auf eine andere Weise noch größer ist. Die Wiederkunft Christi kann im Ich erfahren werden.

Ein weiteres Ereignis, das auch mit der Wiederkunft Christi in Beziehung steht, ist die im 3. Jahrtausend bevorstehende Inkarnation Ahrimans als Mensch in der westlichen Zivilisation.[68]

Hier soll nur dieses geschichtsträchtige Ereignis hervorgehoben werden, nicht die Bedeutung, die Ahriman im Seelenleben jedes Menschen hat. Die Inkarnation Ahrimans ist für die Entwicklung des Bewusstseinsseelenzeitalters unvermeidbar, notwendig. Sie sollte nicht Veranlassung dazu geben, an der geistigen Führung der Menschheit herum zu nörgeln. Ahrimans Mission ist es, die Bewusstseinskräfte in der stärksten Weise herauszufordern. So kann es zum vollkommenen Schlaf wie zum Erwachen kommen. Das erste ist der ahrimanische Pol, der die Menschen in seinen Bann schlägt, das andere ist der michaelische Pol, der durch das Erwachen in Freiheit versetzt.

«Aber diese ahrimanische Macht bereitet von der geistigen Welt her ihre Inkarnation auf der Erde vor. Und sie sucht sie möglichst so vorzubereiten, daß sie – also diese Inkarnation des Ahriman in menschlicher Gestalt – die Menschen auf der Erde in stärkstem Maße wird verführen und versuchen können. Eine Aufgabe der Menschen für die nächste Zivilisationsentwickelung wird es sein, so voll bewußt der Ahriman-Inkarnation entgegenzuleben, daß diese Ahriman-Inkarnation der Menschheit gerade dient in bezug auf die Förderung einer höheren geistigen, einer spirituellen Entwickelung dadurch, daß man gewahr wird gerade an Ahriman, was der Mensch durch das bloße physische Leben erlangen oder, sagen wir, nicht erlangen kann. Aber bewußt müssen die Menschen entgegengehen dieser Ahriman-Inkarnation und die Dinge so einrichten, daß sie immer bewußter und bewußter werden auf allen Gebieten, daß sie immer mehr und mehr sehen, welche Strömungen im Leben sich entgegenbewegen dieser Ahriman-Inkarnation.»[69]

Die extreme Gefahr besteht darin, «ob diese Inkarnation Ahrimans die Menschen dazu bringt, das Erdenziel ganz zu verlieren»[70]. Für die Gegenwart ist es in gesteigertem Maße notwendig, die Vorgänge zu erkennen, durch die Ahriman seine Inkarnation vorbereitet, da der Zeitpunkt dieser Inkarnation näher gerückt ist. Das dritte Jahrtausend wird die Erscheinung Ahrimans auf Erden erleben. Der Zeitpunkt dieser Inkarnation ist von Rudolf Steiner nicht genau angegeben worden, vielleicht auch deswegen, weil sich dieser Zeitpunkt durch eine starke ahrimanische Wirkung beschleunigen, verfrühen kann. Hans Peter von Manen ist auf Grund einer intensiven Betrachtung aller einschlägigen Äußerungen Rudolf Steiners zu der Ansicht gekommen, dass sich diese Inkarnation «ganz im Beginne des 21. Jahrhunderts oder noch eher» ereignen wird.[71] Entscheidend wird in jedem Falle sein, «ob seine Vorbereitungen dazu helfen, daß er die ganze Menschheit, die sich heute die zivilisierte nennt, zu seinen Anhängern hat, oder ob er die Menschheit so findet, daß sie ihm Widerstand leisten kann»[72]. Wer die von Rudolf Steiner dargestellten verschiedenen Elemente der Vorbereitung der Ahriman-Inkarnation betrachtet, der muss sich sagen, dass sie heute ausnahmslos feste, unbestrittene Bestandteile der Zivilisation sind. Zweifel, Fragen daran bestehen im Grunde nicht.

Hier sollen nur drei Punkte herausgegriffen werden, um das zu verdeutlichen. Alle Elemente übergreifend, ist die intellektuelle Denk- und Vorstellungsart die am stärksten für Ahriman wirkende Kraft. Es geht nicht darum, diese zu kritisieren oder abzulehnen, sondern darum, zu durchschauen, dass die Spiegelfunktion des Gehirns dem intellektuellen Denken nur einen Schein- oder Bildcharakter verleihen kann, der aber auf keinem Gebiet in die geistig getragene Realität führen kann. Diese Spiegelfunktion ist für die Befreiung des menschlichen Bewusstseins unverzichtbar, mit dem Verlust der Realität wird aber ein hoher Preis gezahlt. Das intellektuelle Bewusstsein enthält als solches keine Werte, mit ihm kann alles begründet und bewiesen werden, das Gute wie das Böse, das eine und das

Gegenteil. Man muss bestimmen können, wo dieses Bewusstsein wohltätig, wo verheerend wirkt. Gegenüber der Natur ist dieses Bewusstsein problematisch, weil es nicht in die Ursachen des Lebens eindringen kann, katastrophal ist es in allen sozialen Zusammenhängen, weil es die geistig-seelische Wirklichkeit des Menschen ausblendet. In diesem Zusammenhang ist der Glaube an Zahlen, insbesondere in der Statistik, schädlich, weil er den Blick auf den konkreten Menschen verstellt.

Ein weiterer Punkt ist die Trennung, ja Spaltung der Menschen in Gruppen, die sich gegenseitig befehden, ohne dass dies einen wirklichen Grund hat. Das den Staat tragende Parteiwesen ist ein schlagendes Beispiel dafür. In aller Regel widerspricht die eine Partei der anderen, weil das eben als Aufgabe der Partei angesehen wird. Wie oft geht es nur um den Widerspruch, nicht um die Sache! Bei einem Regierungswechsel zeigt sich dann oft, wie austauschbar die Argumente sind. Aber auch sonst stellen sich Menschen häufig in letztlich sinnloser Weise gegeneinander, weil sie das Gemeinsame nicht sehen können oder wollen, wie Arbeitgeber und Arbeitnehmer.

In Korrespondenz mit dem, was oben über den Gott Mammon als Herr des Geldes gesagt wurde, steht der Hinweis Rudolf Steiners, der heute ohne weiteres nachzuvollziehen ist: «Die Herrscher, die sind ja nur die Handlanger der ökonomischen Menschen», die ein Produkt der Neuzeit sind.[73] Die Entwicklung ist aber noch weitergegangen. «Erst im 19. Jahrhundert kommt herauf an die Stelle des ökonomischen Menschen der bankiermäßig denkende Mensch, und erst im 19. Jahrhundert wird ganz und gar diejenige Ordnung geschaffen, die eigentlich durch die

Geldwirtschaft alle übrigen Verhältnisse zudeckt.» Es ist erstaunlich, wie die hier hervorgehobene abstrakte Herrschaft des Geldes allgemein gerade als das Reale angesehen wird. Diese Verwechselung von Abstraktion und Realität dient wiederum in bester Weise Ahriman. «Aber gerade indem die Herrschaft des bloßen ‹Zeichens für die gediegenen Güter› heraufgekommen ist, ist wiederum ein wesentliches Mittel für die ahrimanische Täuschung der Menschheit heraufgekommen. Und wenn der Mensch nicht durchschaut, daß er der durch den ökonomischen Menschen und der durch den Bankier hervorgerufenen ökonomischen Ordnung den Rechtsstaat und den Geistesorganismus entgegensetzen muß, dann wird wiederum in diesem Nichtdurchschauen Ahriman ein wesentliches Mittel finden, um seine Inkarnation, das heißt den Triumph seiner Inkarnation, die gewiß kommt, in der entsprechenden Weise vorzubereiten.»[74]

Niemand, dem die Augen für diese Vorbereitungen der Inkarnation Ahrimans geöffnet werden konnten, wird verkennen, dass diese Vorbereitungen gegenwärtig auf Hochtouren laufen. Wir sollen Zeitgenossen sein und sind häufig auch Kinder der Zeit. Aber die bevorstehende Inkarnation Ahrimans erfordert auch – nach dem oben von Rudolf Steiner zitierten Wort –, dass wir ihr Widerstand leisten. Diesen Widerstand, der Tat nur werden kann auf Grund der Erkenntnis, können nach Lage der Dinge nur die leisten, die sich durch die Geisteswissenschaft ein Bewusstsein der Menschheitssituation verschaffen konnten. Dadurch können sie als Zeitgenossen zu Kämpfern gegen die Zeit werden.[75] Dieser bewusste Kampf gegen die Zeit ist notwendig, damit Ahriman nicht zu einem völligen Triumph kommt und das «Erdenziel» verloren geht. Es ist eine große Sorge, ob sich die Kämpfer gegen die Zeit ihrer Aufgabe immer bewusst sind. Dafür ein Beispiel: Es ist zeitgemäß, dass die Anthroposophie auch im Internet präsentiert wird. Sind sich alle bewusst, dass die Anthroposophie in einer konkreten sinnlich-übersinnlichen Beziehung von Mensch zu Mensch lebt, dass Blick und Händedruck unersetzbar sind?! Das Leben mit den Verstorbenen, den Ungeborenen, den geistigen Wesen in den verschiedenen Bewusstseinsebenen wird als Wirklichkeit durch kein technisches Mittel erfasst.

Außer Sorat und Ahriman spielt aber auch Luzifer am Übergang des neuen Jahrhunderts und Jahrtausends eine wesentliche Rolle. Aus der luziferischen Gesamtwirksamkeit sei hier nur der Teil hervorgehoben, der in dem Michael-Zeitalter als besonders gravierend anzusehen ist. Es ist eine Tendenz zu beobachten, unbemerkt Luzifer an die Stelle Michaels treten zu lassen. Es kann sehr leicht zu einer Verwechslung kommen zwischen der Persönlichkeit, die sich auf die Spitze stellen muss, und dem Persönlichkeitsgeist, in dem sich Luzifer mehr oder weniger stark geltend macht. Hart aneinander grenzen der wahre und der unwahre Geist im Sinne des Zeitgeistes Michael. Manchmal mag das Erfülltsein von dem einen oder dem anderen schwer zu unterscheiden sein. Die Persönlichkeit muss sich mit ihrer ganzen Kraft einsetzen für das, was sie initiativ ergreift. Ein scheinbar feiner, in Wirklichkeit aber tiefgehender Unterschied besteht darin, welchem geistigen Wesen gedient wird. Die luziferische Verführung besteht unter anderem darin, dass sie in Eitelkeit, Geltungsbedürfnis und in dem übersteigerten Selbstbewusstsein als solche nicht bemerkt wird. So tritt die Persönlichkeit in Selbstüberzeugung in ihrer Initiative mit einem gewissen Furor auf, der dem wahren Zweck der Initiative entgegengesetzt ist. Es ist und bleibt eine gewaltige spirituelle Aufgabe, sich in der Selbsterkenntnis von der luziferischen Fesselung zu befreien. «Leben in der Liebe zum Handeln», wie es Rudolf Steiner in der «Philosophie der Freiheit» formuliert hat, ist die Grundmaxime des michaelischen Geistes. Alle widerstrebenden Geister sind sich darin einig, den Menschen diese Liebe nicht finden zu lassen, durch die er sich mit dem Umkreis verbindet, in dem der Christus-Wille lebt, wie es im Grundsteinspruch heißt.[76]

Die Unterscheidung von Sorat, Ahriman und Luzifer ist eine wesentliche Hilfe zur spirituellen Bewusstseinsbildung. Sorat und Ahriman sind in der ahrimanischen Geistesart verbunden, Sorat ist aber als Sonnendämon der direkte Gegner Christi, während Ahriman seinen Blick auf seine bevorstehende Inkarnation richtet, durch die er in seinem Sinne in der Menschheit einen Triumph erringen will. Luzifer will die Seelen mit einem falschen Idealismus und einer falschen Moral erfüllen, die dem Ich ein Überlegenheitsgefühl verleihen, dessen Ursprung nicht bemerkt wird. Ein wissenschaftliches Projekt dient gleichermaßen den Intentionen der drei Widersachermächte: die Entschlüsselung des menschlichen Genoms, die inzwischen mehr oder weniger gelungen ist. Es geht natürlich nicht darum, irgendwie eine wissenschaftliche Forschung in Frage zu stellen oder ihren Erkenntniswert zu leugnen. Dieser spielt aber in der öffentlichen Diskussion bestenfalls am Rande eine Rolle. Im Vordergrund steht – im Zusammenhang dieser Darstellung eindrucksvoll sprechend – einerseits die Vermarktung der gewonnenen Einsichten und andererseits die verlockende Aussicht, durch Genmanipulationen Krankheiten verhindern oder heilen zu können. Wichtiger als all dies ist aber die weltweite unterschwellige Botschaft an das 21. Jahrhundert, das 3. Jahrtausend: Es gibt gar kein Ich, es gibt nur ein Genom! Das wird so nicht ausgedrückt und ist auch gewiss nicht die richtige Interpretation der gewonnenen Ergebnisse, mit der Entschlüsselung des Genoms wird aber der theoretische Materialismus des 19. Jahrhunderts nunmehr sozusagen durch die Tatsachen bewiesen. Der Mensch, das Wesen, das nicht von einem Ich gelenkt, sondern von einem ungeheuer komplizierten Genom gesteuert wird. Wenn das materialistische Vorurteil nicht so stark wäre, könnte der gewaltige Irrtum ziemlich leicht durch den Gedanken überwunden werden, dass das Genom doch nichts anderes als eine Information ist, die von einem Wesen gelesen und vor allen Dingen in Wirklichkeit umgesetzt werden muss.

Der Geisteskampf in der Anthroposophischen Gesellschaft

Es kann nicht verwundern, dass alle Zeitgenossen den starken Wirkungen der drei Widersachermächte ausgesetzt sind. Darüber sollte sich niemand täuschen, auch wenn zugestanden werden soll, dass es große, in den Individualitäten liegende Unterschiede gibt. Mit anderen Worten heißt das, dass auch alle, die sich mit der Anthroposophie als dem Werk Rudolf Steiners beschäftigen, sich mit diesen Wirkungen auseinandersetzen müssen. Während sich diese Auseinandersetzung für die allermeisten Menschen in der

Gegenwart im Unbewussten abspielt und deshalb nicht bewältigt werden kann, treten an jeden Anthroposophen – je nach Bewusstseinsgrad – diese Fragen viel intensiver heran. Er kann höher steigen und tiefer fallen. So zeigen sich innerhalb der Anthroposophischen Gesellschaft und in allen anthroposophischen Einrichtungen deutlich die Folgen dieses Geisteskampfes, der gewonnen und verloren werden kann. Auch wenn die letzte Entscheidung darüber offen bleiben mag, so ist doch einzugestehen, dass die spirituelle Substanz der Anthroposophie vielfach in Zweifel gezogen, verwässert, nicht als solche ergriffen wird. Die Anthroposophie fordert, sich mit allen Fragen und Einwänden intensiv zu beschäftigen, der hier gemeinte Zweifel ist aber etwas anderes: er raubt der Seele das Vertrauen in das Denken und in die echte Möglichkeit der inneren Entwicklung durch spirituelle Erkenntnisse. Dieser Zweifel kann nur überwunden werden, wenn die Geisteswissenschaft klar und fest als Wissenschaft erfasst wird.[77] Sonst wird sich die Verwirrung, nicht zuletzt in den Begriffen, fortsetzen und vielleicht sogar verstärken.

Vielfach wird das Wort Rudolf Steiners, besonders das geschriebene, als zu schwer verständlich empfunden. Dabei wird nicht berücksichtigt, dass das aus dem wirkenden Geist geprägte oder gesprochene Wort eine Seelen-weckende Kraft hat, die freilich zu ihrer Entfaltung Hingabe und Geduld erfordert.

Die Schwäche des Willens als einer Äußerung des menschlichen Ich ist eine Zeitkrankheit, die durch vordergründigen Aktionismus verdeckt werden kann. Der spirituelle Wille bedarf zu seiner Erweckung einer Bewusstseinsberührung mit der geistigen Welt, die täglich wieder neu errungen sein will. Die sich schleichend ausbreitende Lähmung des Willens zum Geist, die sich aus dem Gefühl der Überforderung ergebende Resignation zeigen an, wie schwer dieser Bewusstseinsruck zu leisten ist.

Der schon oben erwähnte problematische Persönlichkeitsgeist erzeugt als ein Teil des Geisteskampfes die Tendenz zur Zersplitterung. Die Grenzen einer sinnvollen Differenzierung werden schneller überschritten, als man es wahrhaben will.

Der Geisteskampf an der Jahrhundert- und Jahrtausendwende gipfelt aber ohne Frage in dem Kampf der antichristlichen Widersachermächte gegen die Erneuerung des Christentums durch die Anthroposophie. Da die Anthroposophie das Werk Rudolf Steiners ist, so wird er in besonderem Maße angegriffen. Hinter den Kulissen spielt sich der eigentliche Kampf ab, der sich im Vordergrund so äußert, dass Rudolf Steiner von verschiedenen Seiten verleumdet und diskreditiert wird. Das ist an sich nichts Neues, hat aber in der Gegenwart die Bedeutung, ihn als Menschen so hinzustellen, dass er nicht der Träger einer neuen Christus-Offenbarung sein kann. Man muss durchschauen, dass damit alles steht und fällt. Es ist nicht zu verkennen, dass dieses Vorgehen gegen Rudolf Steiner in der Öffentlichkeit einen gewissen Erfolg hat, weil trotz aller gegenteiligen Bemühungen immer etwas hängen bleibt, worauf es durchaus auch in den Medien angelegt ist.

Um so mehr kommt es darauf an, dass diejenigen, die von der wahrhaftigen Bedeutung Rudolf Steiners etwas ahnen oder wissen, sich nicht beirren lassen in dem Bewusstsein dieser Bedeutung, um ihm durch Treue einen gewissen spirituellen Schutz zu gewähren. Es sollte nicht unterschätzt werden, was es bedeutet, wenn mit der geistigen Welt gedacht, gefühlt, gewollt wird. Es ist eine Herzensangelegenheit, zu verhindern, dass Rudolf Steiner verdrängt, verbannt wird. Dass das nicht geschehe, hängt nach einem Wort Rudolf Steiners, das in einem anderen Zusammenhang steht, aber das hier Gemeinte ausspricht, «auch davon ab, ob die Anthroposophische Gesellschaft versteht, im rechten Sinne hingebend die Anthroposophie zu pflegen»[78].

Es sind diese innersten Fragen, die jeder für sich beantworten muss, die in den letzten Jahren zunehmend die unübersehbare Krise der Anthroposophischen Gesellschaft heraufgebracht haben. In einem tieferen Sinne geht es um Rudolf Steiner und die Anthroposophie als Wesen, die beide in einer wesenhaften, untrennbaren Beziehung zueinander stehen.[79] Die spirituelle Verunsicherung durch die Widersachermächte und die bewusstseinsmäßig schwer zu verkraftende Schwellensituation haben dazu geführt, dass dieser Kern nicht scharf genug erfasst werden konnte. Dadurch konnte es dazu kommen, dass die Frage nach der Konstitution der Gesellschaft, nach Statuten, Satzungen, Vereinbarungen sich in den Vordergrund drängte und von der wesentlichen Kernfrage ablenkte. Natürlich soll damit Wert und Bedeutung von Konstitutionen und Statuten nicht grundsätzlich in Abrede gestellt werden, aber nur eine Wesensbestimmung führt zu Statuten, die sich wie von selbst aus dieser ergeben, so wie das Rudolf Steiner beispielhaft in der Weihnachtstagung vollzogen hat. «Es ist der Geist, der sich den Körper baut» (Schiller, Wallenstein), nicht umgekehrt. Letztlich wird diese Krise nur zu bewältigen sein, wenn die Verbindung mit Rudolf Steiner und dem Wesen Anthroposophie durch Treue, Hingabe und Opferbereitschaft hergestellt wird.

Die Weltherrschaft der USA

Das Ende des Jahrhunderts und Jahrtausends hat die fast uneingeschränkte Weltherrschaft der USA gesehen, die stolz zur Schau getragen und mit ungenierter Arroganz besonders auf militärisch-technologischem Gebiet durchgesetzt wird. Wer daran zweifeln wollte, brauchte nur zu betrachten, wie die USA die neuen Nato-Mitglieder in Ostmitteleuropa zu einer militärisch-technologischen Umrüstung nötigen, die der amerikanischen Rüstungsindustrie viele Milliarden Dollar einbringt, die von den verarmten Ländern kaum aufzubringen sind. Wer rüstet da gegen wen? Man kann sich daran erinnern, dass die Amerikaner ungehemmt Wirtschaftsspionage betreiben, indem sie den Telefonverkehr abhören (Echelon). Während das Gleiche bei der Stasi als Verfassungsbruch und Menschenrechtsverletzung angeprangert und moralisch verurteilt wird, muss es von Seiten der USA einfach hingenommen werden. Die Macht tritt an die Stelle von Moral und Recht. Die Doppelbödigkeit ist überhaupt ein Kennzeichen der amerikanischen Politik. Wenn man sieht, wie die USA die Tatsache ausnutzen, dass sie im Besitz der Dateien mit den wahren Namen der von der DDR angeheuerten Spione sind, dann hat man einen weiteren Beleg für die Machtarroganz, denn die USA sind nur bereit, nach eigenem Gutdünken zu einem ihnen genehmen Zeitpunkt und gefiltert diese Daten an die Bundesrepublik zu übergeben. Und Bundeskanzler

Schröder musste im Kosovo-Krieg einräumen, dass die USA eben das Sagen haben, weil sie über die größte militärische Macht verfügen. Diese Liste ließe sich beliebig verlängern, viele aufmerksame Beobachter nehmen das rüde Vorgehen der USA wahr, in der Öffentlichkeit wird aber viel getan, den Eindruck der Abhängigkeit zu verwischen.

Auf das, was in diesem Sinne seit 1989 politisch-wirtschaftliche Realität geworden ist, hat Rudolf Steiner an markanter Stelle 1919 in dem Zyklus «Michaels Sendung» hingewiesen.[80] Im letzten dieser Vorträge hat Rudolf Steiner das Geistesleben, das Staats- und Rechtsleben, das Wirtschaftsleben historisch von den vorchristlichen Mysterien des Geistes, des Raumes und der Erde abgeleitet. In der Gegenwart sind die drei Glieder im Einheitsstaat zusammengeknäuelt und degeneriert. «Studieren wir dasjenige, was in der Welt nebeneinander steht, dann finden wir, wie in einer eigentümlichen Weise sich durcheinanderknäueln Wirtschaftsleben, politisches Rechtsleben, Geistesleben. Wollen wir nicht zugrunde gehen unter dem in die alleräußerste Degeneration gekommenen Geistes- und Rechtsleben, dann müssen wir uns hinwenden zu dem dreigliedrigen sozialen Organismus, der aus dem selbständigen Wurzeln heraus baut das Wirtschaftsleben, das emporkommen will, das aber nicht emporkommen kann, wenn ihm kein Rechtsleben und kein Geistesleben aus der Freiheit entgegenkommen. Die Dinge haben in der ganzen Menschheitsevolution und im menschlichen Zusammenleben ihre tiefen Wurzeln. Diese Wurzeln, sie müssen aufgesucht werden. Den Menschen muß heute verständlich gemacht werden, wie da unten, ich möchte sagen, ganz am Boden kriecht das Wirtschaftsleben, eingefädelt von anglo-amerikanischen Denkgewohnheiten, wie es sich nur hinaufranken wird können, wenn es im Zusammenklang mit der ganzen Welt arbeitet, mit dem, wofür andere auch befähigt sind. Sonst wird ihm das Erringen der Weltherrschaft zum Verhängnis werden.»[81] Die letzte Aussage verdient besondere Beachtung, weil sie darauf aufmerksam macht, dass Schaden nicht nur zugefügt, sondern – zurückprallend – auch Schaden erlitten wird. Der letztere Vorgang ist ein zukünftiger, der aber – wie die Dinge liegen – alle in Mitleidenschaft ziehen wird. Für die nächste Zukunft ist mit einem weiteren Ausbau der amerikanischen Weltherrschaft zu rechnen. Das wird notwendigerweise auch die Schäden verstärken. «Und ein Wirtschaftsleben wie das anglo-amerikanische, das in die Weltherrschaft ausmünden sollte: wenn es sich nicht bequemt, sich durchdringen zu lassen von dem selbständigen Geistesleben und selbständigen Staatsleben, mündet ein in den dritten der Abgründe des Menschenlebens, in den dritten jener drei. Der erste Abgrund ist die Lüge, die Entartung der Menschheit durch Ahriman. Die zweite ist die Selbstsucht, die Entartung der Menschheit durch Luzifer. Der dritte ist auf physischem Gebiet Krankheit und Tod, auf Kulturgebieten: Kulturkrankheit, Kulturtod.

Die anglo-amerikanische Welt mag die Weltherrschaft erringen: ohne die Dreigliederung wird sie durch diese Weltherrschaft über die Welt den Kulturtod und die Kulturkrankheit ergießen, denn diese sind ebenso eine Gabe der Asuras, wie die Lüge eine Gabe Ahrimans, wie die Selbstsucht eine Gabe des Luzifer ist. So ist das dritte, sich würdig dem anderen an die Seite Stellende, eine Gabe der asurischen Mächte!»[82]

Diese äußerst ernsten Worte sollten es eigentlich unmöglich machen, gegenüber den sich inzwischen offen darstellenden Impulsen in irgendeiner Weise naiv zu sein. Denn durch den nach wie vor weltweit herrschenden Einheitsstaat wirken die Widersachermächte in stärkster Weise, wobei sich die Wirkung durch die völlige Unbewusstheit der Beteiligten noch verstärkt, da die Politiker und Staatsdiener in gutem Glauben zu handeln meinen. Aber hinter der sozusagen ganz dünnen täuschenden Fassade ist gegenwärtig vor allem das Wirken der Asuras zu Kulturkrankheit und Kulturtod allenthalben zu beobachten, das sich aus der völligen Verleugnung der Wirklichkeit des Geistes ergibt. Das ist das bei aller Gegensätzlichkeit vereinigende Element, der erste Glaubensartikel einer entgötterten Welt.

Der Kampf um den russischen Kulturkeim

Die Bedeutung der amerikanischen Weltherrschaft geht aber über die Gegenwart und nächste Zukunft weit hinaus. Es ist daran zu erinnern, dass die Entwicklung der Kulturepochen im Sinne der geistigen Menschheitsführung erfordert, dass eine Art Befruchtung des russischen Kulturlebens durch das mitteleuropäische Geistesleben erfolgen muss.[83] Diese Tatsache ist im Westen bekannt und es wird viel dafür getan, diese für die Zukunft nötige Verbindung zu beeinträchtigen oder zu verhindern. Rudolf Steiner hat – vermutlich 1918 – diese Situation in einer knappen Darstellung festgehalten, die erst kürzlich veröffentlicht wurde. Was Rudolf Steiner damals geschrieben hat, klingt zunächst so, als wäre es jetzt verfasst: «Tonangebend ist eine Gruppe von Menschen, welche die Erde beherrschen wollen mit dem Mittel der beweglichen kapitalistischen Wirtschaftsimpulse. Zu ihnen gehören alle diejenigen Menschenkreise, welche diese Gruppe imstande ist, durch Wirtschaftsmittel zu binden und zu organisieren.»[84]

Die folgenden Aussagen sind insofern besonders wichtig, weil sie ausdrücklich hervorheben, dass ein Wissen, das heißt keine Unbewusstheit, dem Handeln ein Ziel setzt. «Das Wesentliche ist, daß diese Gruppe weiß, in dem Bereich des russischen Territoriums liegt eine im Sinne der Zukunft unorganisierte Menschenansammlung, die den Keim einer sozialistischen Organisation in sich trägt. Diesen sozialistischen Keim-Impuls unter den Machtbereich der anti-sozialen Gruppe zu bringen, ist das wohlbezeichnete Ziel.» Damals aus heute nicht mehr relevanten Gründen, heute durch die Propaganda für Demokratie und Marktwirtschaft wird «die wahre Tatsache» verdeckt, «daß um den russischen Kultur-Keim zwischen den anglo-amerikanischen ‹Pluto-Autokraten› und dem mitteleuropäischen Volk gekämpft wird». Die originelle Wortschöpfung Rudolf Steiners «Pluto-Autokraten» ist wie für die Gegenwart geschaffen; denn die Autokratie, die Selbstherrschaft oder die totale Herrschaft des Geldes (Pluto) ist tatsächlich zum beinahe alles entscheidenden Machtmittel geworden. Und dieses Machtmittel ist besonders verheerend für den «russischen Kultur-Keim», der der geistigen Erweckung, nicht der «Pluto-autokratischen» Betäubung bedarf. Zu einer wirksamen Erweckung bedürfte es aber der Realität des mitteleuropäisch-deutschen Volksgeistes, über dessen Ausschaltung schon oben gesprochen wurde. Tragik waltet daher in dem Verhältnis des deutschen Geistes zu dem russischen Kulturkeim, denn die Bundesrepublik hat sich ganz mit den westlichen Impulsen identifiziert und einen sogenannten «deutschen Sonderweg» ausgeschlossen.

Man achte hier auf die geschickte Wortwahl. In dem Wort «Sonderweg» steckt die Absonderung, die Sünde darin, die man natürlich nicht begeht, aber der, der den «Sonderweg» geht, der ist natürlich ein Sünder. So werden moralische Urteile in Worte versteckt. Dennoch ist ein «deutscher Sonderweg» auf spirituell-kulturellem Gebiet für die Zukunft notwendig. Derzeit kann er nur von Einzelnen gegangen werden.

Zum Schluss seiner Notiz beschreibt Rudolf Steiner die Alternative: «Entweder man entlarvt die Lüge, mit der der Westen arbeiten muß, wenn er reüssieren will, man sagt: die Macher der anglo-amerikanischen Sache sind die Träger einer Strömung, die ihre Wurzeln in den Impulsen hat, die vor der Französischen Revolution liegen und in der Realisierung einer Welt-Herrschaft mit Kapitalistenmitteln bestehe, die sich nur der Revolutions-Impulse als Phrase bedient, um sich dahinter zu verstecken.»

Rückblickend auf das 20. Jahrhundert muss festgestellt werden, dass es nicht gelungen ist, diese Lüge als solche zu entlarven. Vielmehr hat sich die «Weltherrschaft mit Kapitalistenmitteln» realisiert, die sich tatsächlich der «Revolutions-Impulse» in den Menschenrechten als Phrase bedient. Dass das wirklich Phrasen sind, davon kann man sich selbst leicht überzeugen, wenn man bedenkt, dass zum Beispiel der «Raubtierkapitalismus» gewiss nichts mit Brüderlichkeit und Gerechtigkeit zu tun hat, sondern einer irregeleiteten, rasend gewordenen Freiheit entspringt. Niemals werden die Menschenrechte auf die Struktur der Gesellschaft selbst bezogen, sondern immer nur auf die Behandlung der einzelnen Menschen. Dabei aber wird in vielen und allzu vielen Fällen die Staatsräson durchaus über den Schutz des Einzelnen gestellt, wofür zum Beispiel die Anwendung der Folter spricht. Der unentwegte Ruf nach den Menschenrechten bei den anderen lenkt geschickt von der Tatsache der Unmenschlichkeiten in der eigenen Gesellschaft ab, ein Beispiel dafür ist die besonders in den USA betriebene Ausbeutung durch den Niedriglohn. Im übrigen sei auch darauf hingewiesen, dass die USA im Verfolg ihrer Machtinteressen noch immer die Menschenrechte hintan gestellt haben.

Da das Erste nicht gelungen ist, muss wohl das Zweite Wirklichkeit werden. «Oder man tritt an eine okkulte Gruppe innerhalb der anglo-amerikanischen Welt die Welt-Herrschaft ab, bis aus dem geknechteten deutsch-slawischen Gebiet durch zukünftige Ströme von Blut das wahre geistige Ziel der Erde gerettet wird.» Damit wird der Hintergrund der gegenwärtigen anglo-amerikanischen Weltherrschaft enthüllt, die durch ihre Eigenart das spirituelle Leben knechtet, denn der immanente Materialismus unterdrückt dieses. Tragik aber waltet dadurch über der Zukunft, in der durch ungeheure Menschenopfer «das wahre geistige Ziel der Erde gerettet wird». So ist, was gegenwärtig geschieht, mit einer weitgespannten Zukunft, dem Ziel der Erde, verbunden. Im bewussten Erkennen damit verbunden zu sein, ist jetzt der Dienst, der der Zukunft geleistet werden kann.

«Über der Anthroposophischen Gesellschaft schwebt ein Schicksal.» Rudolf Steiner, Arnheim, 18. Juli 1924

Im Sommer 1924 hat Rudolf Steiner eine Verheißung ausgesprochen, die jetzt Gegenwart und in gewissem Sinne sogar schon Vergangenheit ist. Er hat den damaligen Zuhörern seiner Vorträge bewusst gemacht, dass es zumindest für viele von ihnen in ihrem Karma liegt, in diesem Jahrhundert nochmal geboren zu werden. Die etwas unterschiedlich formulierten Zeithinweise stimmen darin überein, dass die Inkarnationen noch im 20. Jahrhundert vorgesehen sind, damit diese «Menschen unter Durchbrechung von mancherlei Wiederverkörperungsgesetzen mit der Wende des zwanzigsten, einundzwanzigsten Jahrhunderts ... wiedererscheinen werden, um dann dasjenige, was sie jetzt tun können, im anthroposophischen Dienst der Michael-Herrschaft, zur Kulmination, zum vollen Ausdruck zu bringen»[85]. Diese Kulmination ist schon seit dem Mittelalter vorbereitet worden durch die «unverbrüchliche Abmachung» zwischen Platonikern und Aristotelikern, gemeinsam am Ende des 20. Jahrhunderts zu erscheinen.[86] «Denn das ist die Abmachung jenes himmlischen Konzils im Beginne des dreizehnten Jahrhunderts, daß sie miteinander erscheinen, die Aristoteliker und die Platoniker, und daß dahin gearbeitet werde, daß immer blühender und blühender die anthroposophische Bewegung im zwanzigsten Jahrhundert werde, damit am Ende dieses Jahrhunderts im Verein von Platonikern und Aristotelikern die Anthroposophie eine gewisse Kulmination in der Erdenzivilisation erlangen kann. Kann so gearbeitet werden, wie es von Michael vorbestimmt, prädestiniert ist, dann kommt Europa, dann kommt die moderne Zivilisation heraus aus dem Niedergang. Aber auf keine andere Weise sonst! Dieses Herausführen der Zivilisation aus dem Niedergang ist verbunden mit dem Verständnis von Michael.»[87] Der Tenor dieser letzten Aussage wird von Rudolf Steiner am Ende des Vortrags nachdrücklich unterstrichen. «Und im Laufe dieses zwanzigsten Jahrhunderts, wenn das erste Jahrhundert nach dem Ende des Kali Yuga verflossen sein wird, wird die Menschheit entweder am Grabe aller Zivilisation stehen oder am Anfange desjenigen Zeitalters, wo in den Seelen der Menschen, die in ihrem Herzen Intelligenz mit Spiritualität verbinden, der Michael-Kampf zugunsten des Michael-Impulses ausgefochten wird.»[88]

Im Anblick der Gegenwart stellt sich die Frage, ob wir «am Grabe aller Zivilisation stehen», ob «die Zivilisation nicht in die völlige Dekadenz» gekommen ist.[89] Die hier angestellten Betrachtungen machen es nicht leicht, diese Frage einfach zu verneinen. Genügen die Leistungen und Opfer einiger und die stillen, verborgenen Dienste?!

Gewichtiger noch ist die Frage, ob die Kulmination der Anthroposophie im vergangenen Jahrhundert hat erreicht werden können. Soweit das Beobachtungsfeld reicht, kann davon wohl keine Rede sein, denn die vielfältigen krisenhaften Erscheinungen, die oben schon erwähnt wurden, sind nicht zu übersehen. Obwohl die hier zitierten Äußerungen Rudolf Steiners davon sprechen, dass die «Kulmination» noch im 20. Jahrhundert eintreten soll, so kann doch die Frage gestellt werden, ob diese auch noch im 21. Jahrhundert geschafft werden kann.[90]

Nicht vergessen werden darf aber bei dieser Fragestellung, dass Rudolf Steiner unüberhörbar von der Bedingung gesprochen hat, die sowohl die Voraussetzung für die Inkarnation der Platoniker und Aristoteliker als auch für die damit verbundene Kulmination der Anthroposophie ist.

«Da aber alles heute vom freien Willen abhängt, so hängt, daß dies eintrete – namentlich ob die miteinander verbündeten Parteien herabsteigen können zur Wiederspiritualisierung der Kultur im zwanzigsten Jahrhundert – auch davon ab, ob die Anthroposophische Gesellschaft versteht, im rechten Sinne hingebend die Anthroposophie zu pflegen.»[91]

Das stellt an alle Anthroposophen gemeinsam die bedrängende Frage, ob sie die Anthroposophie so hingebend gepflegt haben, dass dadurch die spirituelle Kraft und der geistige Schutz entstanden sind, die es den Platonikern und den Aristotelikern ermöglichte, auf die Erde herabzusteigen. Außer durch spirituelle Erkenntnis kann diese Frage nur durch die Erfahrung beantwortet werden.

Unabhängig davon, wie diese Situation, in der wir darinnen stehen, letztendlich von dem Zeitgeist angeschaut und beurteilt wird, bleibt doch für jeden Anthroposophen innerhalb der Anthroposophischen Gesellschaft die Gegenwarts- und Zukunftsaufgabe bestehen, «Michael das menschliche Denken nicht streitig zu machen. Da kann man nicht fatalistisch sein. Da kann man nur sagen: Die Menschen müssen mit den Göttern zusammenarbeiten. Michael begeistert die Menschen mit Michael selber, damit auf der Erde eine Spiritualität erscheine, die der Eigenintelligenz der Menschen gewachsen ist, damit man denken kann und zugleich spiritueller Mensch sein; denn das bedeutet erst die Michael-Herrschaft.»[92] Diese Verbindung des Denkens mit der Spiritualität im Sinne Michaels zu erreichen, ist eine Herzensangelegenheit für alle, die sich in ihrem Ich dieser Aufgabe widmen wollen.

«Wie finde ich den Christus?»

Wer mehr oder weniger intensiv die Zeitsituation als Ausdruck der Wirkungen der Widersachermächte in sich wie ein persönliches Erlebnis erfährt, wer sich bewusst macht, dass es sein Schicksal ist, in einer zutiefst unchristlichen Zeit zu leben, der wird sich gedrängt fühlen in seinem Innersten, in seinem Ich zu der Frage: «Wie finde ich den Christus?»[93] Denn er muss sich sagen, dass das gegenwärtige Geschehen nur dann einen Sinn bekommt, wenn es als ein Weckruf, eine Herausforderung, eine Prüfung verstanden wird. Kann dieser Gesichtspunkt nicht errungen werden, dann droht das Gefühl der Sinnlosigkeit das Ich zu verwirren, auszuhöhlen, zu lähmen. Wenn man die drei Widersachermächte vom Gesichtspunkt des menschlichen Ich betrachtet, so deuten sie gerade auf die Wesenheit hin, die sie bekämpfen. Ihr Kampf hätte kein Ziel, wenn das nicht so wäre. So sind sie letztlich doch die Diener dessen, den sie nicht wollen. Die Ordnung der Welt muss im Ich wieder hergestellt werden, um den rechten Ort für die Frage nach Christus zu finden. Dabei geht es – wie immer – nicht um Namen, sondern um geistige Wesenheiten, und stets muss der Versuchung begegnet werden, Namen und Wesen zu verwechseln. Die Frage nach der Wesenheit, die dem Ich die Kraft geben kann, die Prüfung zu bestehen, ist durch die Natur des Ich notwendigerweise eine individuelle, intime, ja letztlich eine, die sich im Unaussprechbaren, im Raum der Stille und des Schweigens ereignet. «Die größten Ereignisse, das sind nicht unsere lautesten, sondern unsere stillsten Stunden», wie Nietzsche einmal gesagt hat. Man kann nur allgemein über etwas sprechen, das im Grunde ganz individuell ist.

In diesem allgemeinen Sinne ist die Christus-Frage der Mittelpunkt und Kern der Anthroposophie. Die Anthroposophie erquillt aus dem Christus-Wesen selbst. Indem der Mensch sie wirklich aufnimmt, lernt er die Christus-Sprache kennen und verstehen. Das Zeugnis dafür tritt in Rudolf Steiners Biographie deutlich hervor. Bevor er im Jahre 1900 mit der Darstellung der Anthroposophie beginnen konnte, musste er selbst eine Prüfungszeit durchstehen, die dadurch abgeschlossen wurde, dass er die Christus-Wesenheit und ihre Taten erkannte, dass er diesem Wesen begegnete und sich mit ihm vertrauensvoll verband. Die Erfahrung, die das ganze Leben Rudolf Steiners bestimmte und durchdrang, wird im «Lebensgang» nur kurz angesprochen, so dass der Leser selbst den vollen Umfang der Aussage finden muss. «Vor dieser Jahrhundertwende stand die geschilderte Prüfung der Seele. Auf das geistige Gestanden-Haben vor dem Mysterium von Golgatha in innerster ernstester Erkenntnis-Feier kam es bei meiner Seelen-Entwicklung an.»[94]

In der Seelenentwicklung Rudolf Steiners ist diese Erkenntnisfeier in intensiver und sorgfältiger Weise durch die erkenntnistheoretische und philosophische Arbeit vorbereitet worden. Denn wenn man sich in aller Kürze die philosophische Grundaussage Rudolf Steiners vergegenwärtigt, dann bemerkt man, dass in ihr – wenn auch ohne diesen Namen – ein wesentliches Christus-Element enthalten ist. Die Wesenheit des Menschen bringt es mit sich, dass der Mensch den einheitlichen Weltinhalt getrennt, gespalten aufnimmt in Wahrnehmung und Denken. Diese Spaltung kann so weit gehen, dass der Mensch meint, die Welt sei dualistisch; was im Denken erfasst wird, sei nur eine Zutat, die mit den Dingen nichts zu tun habe. Rudolf Steiners erkenntnistheoretisches Bestreben war es, diese Spaltung, den Dualismus, als einen fundamentalen Irrtum erkennbar zu machen und somit eine wirkliche Erkenntnisentwicklung in Gang zu bringen. Denn die Vereinigung der getrennten Weltelemente im Erkenntnisakt des Menschen ist eine Tat, die sowohl auf der Seite der Beobachtung wie auf der Seite der Intuition der unendlichen Vertiefung fähig ist. Der Erkenntnisakt selbst aber, der immer wiederholt werden muss, führt in der Vereinigung der getrennten Weltelemente zu einer Überwindung der vorgegebenen Spaltung. Wenn das mit etwas anderen Worten ausgedrückt wird, verdeutlicht sich das hier Gemeinte. Die Zerstörung der Einheit der Welt, die Sonderung wird durch eine Tat des Ich überwunden, geheilt. In dem Erkennen ist das menschliche Ich nicht Zuschauer, sondern Teilnehmer, Teilhaber, Schaffender. Die Welt, die der Mensch in der Erkenntnis erschafft, steht höher als die ursprüngliche, zerstörte, weil die neue Welt durch das Ich hindurchgegangen ist, weil das Ich der Welt seinen Stempel aufgedrückt hat. Indem aber von dem Ich gesprochen wird, klingt immer das «Ich bin der Ich bin» auf oder die Ich-bin-Worte des Johannes-Evangeliums. So kann man sagen, dass in der Erkenntnismethode Rudolf Steiners die

Christus-Wesenheit gegenwärtig, anwesend ist, und sie ist es, die den Erkenntnistrieb in das Ich senkt. Durch diese Einsicht bleibt das Ich im Erkennen vor allen Versuchungen des Hochmuts bewahrt.

Im Verfolg dieses Erkenntnisweges lebt die Anthroposophie als Geisteswissenschaft im Strom der Christus-Wesenheit. Die Erkenntnis der Christus-Wesenheit ist daher der Bestandteil der Anthroposophie, in dem sie sich sozusagen selbst erfasst, es ist in gewissem Sinne ihr Herzstück. Untrennbar von der Christus-Erkenntnis, zu der Rudolf Steiner eine beinahe das Menschenmaß übersteigende Fülle beigetragen hat, ist die Suche nach der Christus-Erfahrung, dem Finden des Christus im eigenen Ich. Dazu hat Rudolf Steiner verschiedene Wege angegeben, von denen einer hier hervorgehoben werden soll.[95]

In urchristlichem Sinne können die beiden die Erscheinung Christi auf Erden begrenzenden Ereignisse als Hilfen auf diesem Weg angesehen werden. In der Epiphanie des Gottes, die sich in der Jordantaufe durch die Inkarnation Christi in dem Menschen Jesus von Nazareth vollzieht, ist das Urbild gegeben, dessen der Mensch in seinem Ich bedarf. In dem einfachen, aus rosenkreuzerischer Inspiration stammenden Spruch von Angelus Silesius ist das – mit einer etwas anderen Nuance – beispielhaft ausgesprochen:

«Wird Christus tausendmal zu Bethlehem geboren
und nicht in dir, du bleibst noch ewiglich verloren.»

Wenn der Mensch wirklich mit Hingabe und Ernst die Anthroposophie studiert, dann vollzieht sich in seinem Ich etwas, das mit einer Geburt zu vergleichen ist. Das Studieren der Geisteswissenschaft, das nicht mit dem Aufnehmen ihrer Inhalte zu verwechseln ist, ist die erste Stufe der Einweihung, wodurch in dem Menschen das Einleben in die geistige Welt beginnt.[96] Dieser subtile Vorgang drückt sich in einer Wandlung aus, die sich zart und fast unbemerkt vollziehen kann. Aber niemand, der die Anthroposophie in sein Ich aufgenommen hat, ist dieser Wandlung nicht teilhaftig geworden.

Das, was im Ich geboren wird, muss einen Entwicklungs- und Reifungsprozess durchmachen, der schließlich zu etwas wie Tod und Auferstehung führt. Dieser zweite Vorgang ist für den modernen Menschen von besonderer Bedeutung, weil er ihn befreien kann von aller Macht, die die drei Widersachermächte auf ihn und durch ihn ausüben. In diesem Sinne gehört alle Macht auf Erden den Widersachermächten, im Physischen wie im Psychischen, und die Sphäre des Christus ist nur durch einen Bereich der Ohn-Macht, der Gewaltlosigkeit im Äußeren wie im Inneren zu erreichen. Diese Ohnmacht ist nichts anderes als die Aufgabe der Herrschaft des einen Ich über das andere, die Herstellung der Würde des anderen Menschen. Wer sich der Macht begibt, wird dadurch nicht kraftlos, vielmehr gewinnt das Ich an Stärke durch die Befreiung von der Herrschsucht. Diese Stärke öffnet das Ich für die Segenskräfte der geistigen Welt.

Rudolf Steiner hat dieses Gefühl der Ohnmacht noch in einem etwas anderen Sinne beschrieben, indem er die Antwort auf die Frage suchte: Wie finde ich den Christus? «Man findet den Christus, wenn man folgende Erlebnisse hat. Erstens das Erlebnis, daß man sich sagt: Ich will so weit Selbsterkenntnis anstreben, als es mir möglich ist, nach meiner ganz individuellen menschlichen Persönlichkeit möglich ist. – Keiner, der ehrlich diese Selbsterkenntnis anstrebt, wird sich anderes heute als Mensch sagen können als: Ich kann das nicht fassen, was ich eigentlich anstrebe. Ich bleibe mit meiner Fassungskraft hinter dem, was ich anstrebe, zurück; ich empfinde meine Ohnmacht gegenüber meinem Streben. – Es ist dieses Erleben ein sehr wichtiges. Dieses Erleben müßte jeder haben, der ehrlich mit sich selbst, in Selbsterkenntnis zu Rate geht: ein gewisses Ohnmachtsgefühl. Dieses Ohnmachtsgefühl ist gesund, denn dieses Ohnmachtsgefühl ist nichts anderes als das Empfinden der Krankheit, und man ist ja erst recht krank, wenn man eine Krankheit hat und sie nicht fühlt. Indem man die Ohnmacht empfindet, sich zum Göttlichen zu erheben in irgendeinem Zeitpunkte seines Lebens, fühlt man in sich jene Krankheit, von der ich gesprochen habe, die uns eingepflanzt ist. Und indem man diese Krankheit empfindet, empfindet man, daß die Seele durch unseren Leib eigentlich, so wie der Leib heute ist, verurteilt wäre mitzusterben. Dann, wenn man genügend kräftig diese Ohnmacht empfindet, dann kommt der Umschlag. Dann kommt das andere Erlebnis, das uns sagt: Aber wir können, wenn wir uns nicht an dasjenige hingeben, was zu erreichen wir durch unsere Leibeskräfte allein imstande sind, wir können, wenn wir uns hingeben an dasjenige, was uns der Geist gibt, überwinden diesen innerlichen Seelentod. Wir können die Möglichkeit haben, unsere Seele wiederzufinden und an den Geist anzuknüpfen. Wir können erleben die Nichtigkeit des Daseins aus uns selber, wenn wir hinüberkommen über das Spüren der Ohnmacht. Wir können die Krankheit spüren in unserer Ohnmacht, wir können (aber auch) den

Heiland, die heilende Kraft spüren, wenn wir die Ohnmacht (erlebt haben), dem Tode verwandt geworden sind in unserer Seele. Indem wir den Heiland spüren, fühlen wir, daß wir etwas in unserer Seele tragen, das aus dem Tode jederzeit auferstehen kann im eigenen inneren Erleben. – Wenn wir diese zwei Erlebnisse suchen, finden wir in unserer eigenen Seele den Christus.

Das ist ein Erlebnis, dem die Menschheit entgegengeht. Angelus Silesius sagte es, als er die bedeutungsvollen Worte sprach:

Das Kreuz von Golgatha kann dich nicht von dem Bösen,
Wo es nicht auch in dir wird aufgericht't, erlösen.

Es kann im Menschen aufgerichtet werden, indem er die zwei Pole fühlt: die Ohnmacht durch sein Leibliches, die Auferstehung durch sein Geistiges.»[97] Diese Erlebnisse in der Seele wirklich und ernsthaft durchzustehen, vor allem das Kreuz der Ohnmacht zu erleben, das ist etwas, wovor der moderne Mensch allzu gerne flieht, denn die ehrliche Selbsterkenntnis ist für den, der sie in sich durchführt, schmerzlich, peinlich, beschämend. Und man kann sich demgegenüber auch nicht ausreden dadurch, «daß man sagt, man habe keine übersinnlich entwickelten Fähigkeiten. Die braucht man dazu nicht. Man braucht nur wirklich Selbstbesinnung zu üben und den Willen zu dieser Selbstbesinnung, den Willen auch zur Bekämpfung jenes Hochmuts, der heute so gang und gäbe ist, welcher den Menschen nicht bemerken läßt, daß, wenn er sich auf seine eigenen Kräfte verläßt, er hochmütig wird gegenüber seinen eigenen Kräften.»[98]

Wenn man die Widersachermächte in ihrer Wirksamkeit in der eigenen Organisation zu erfahren beginnt, dann steigert sich das Erleben der Ohnmacht zum Erleben des Todes. Wer dieses Todeserlebnis durchsteht, kann zu der Wahrheit kommen: In dem Christus wird Leben der Tod! (Grundsteinspruch)[99]

Der zweite Spruch von Angelus Silesius kann aber auch noch auf eine andere Weise fruchtbar gemacht werden. Der Mensch kann die vielfältigen Schmerzen, Leiden, Niederlagen, die das Leben und das Schicksal ihm bereiten, so fühlen lernen, dass dadurch das Kreuz in ihm aufgerichtet wird. Das Kreuz so in sich zu tragen, richtet das Ich mit der Auferstehungskraft auf, die ihm hilft, die Prüfung durch die Widersachermächte zu bestehen, den Persönlichkeitsgeist zu besiegen und den Widersachermächten Widerstand zu leisten, damit ihr Wirken sich zu einem Segen für die Menschheit wandeln kann.

*«Das Kreuz von Golgatha kann dich nicht von dem Bösen,
Wo es nicht auch in dir wird aufgericht't, erlösen.»*

Anmerkungen

1 Rudolf Steiner, Mantrische Sprüche, GA 268, Dornach 1999, S. 73.
2 Rudolf Steiner, Esoterische Betrachtungen karmischer Zusammenhänge, GA 236, Dornach 1973, S. 286ff., Vortrag Dornach, 29. Juni 1924.
3 Rudolf Steiner, An das deutsche Volk und die Kulturwelt, in: Die Kernpunkte der sozialen Frage, GA 23, Ausgabe 1920, S. 109.
4 Golo Mann, Deutsche Geschichte des 19. und 20. Jahrhunderts, Frankfurt am Main 1985, S. 394.
5 Rudolf Steiner, Grundelemente der Esoterik, GA 93a, S. 150, 154; Die Apokalypse des Johannes, GA 104, Dornach 1962, S. 239, 30. Juni 1908.
6 Rudolf Steiner, Die Geheimwissenschaft im Umriß, GA 13, Dornach 1977, S. 108.
7 Harenberg, Lexikon der Gegenwart 1997, Artikel Rußland, S. 468; Ernst-Jörg von Studnitz, Rußland an der Schwelle des 21. Jahrhunderts, Erziehungkunst 12/1999, S. 1334.
8 Ekkehart Krippendorf, Goethe, Politik gegen den Zeitgeist, Frankfurt am Main und Leipzig 1999.
9 Wie 3, S. 112.
10 Rudolf Steiner, Mein Lebensgang, GA 28, 30. Kapitel, Taschenbuch-Ausgabe Dornach 1982, S. 293.
11 Rudolf Steiner, Das Ereignis der Christus-Erscheinung in der ätherischen Welt, GA 118, Dornach 1984.
12 Wie 6, Kapitel: Der Charakter der Geheimwissenschaft und: Die Erkenntnis der höheren Welten, S. 340–344.
13 Rudolf Steiner, Vergangenheits- und Zukunftsimpulse im sozialen Geschehen, GA 190, Dornach 1980, besonders Vortrag Dornach, 11. April 1919.
14 Rudolf Steiner, Die Brücke zwischen der Weltgeistigkeit und dem

Physischen des Menschen, GA 202, Dornach 1988, S. 257f., Vortrag Dornach, 25. Dezember 1920.

15 Rudolf Steiner, Soziales Verständnis aus geisteswissenschaftlicher Erkenntnis, GA 191, Dornach 1972, S. 213, Vortrag 2. November 1919.

16 Robert Bly, Die kindliche Gesellschaft, Über die Weigerung, erwachsen zu werden, München 1997.

17 Rudolf Steiner, Die geistige Führung der Menschen und der Menschheit (1911), GA 15; Die Mission der neuen Geistesoffenbarung (1911), GA 127, Vortrag: Die Arbeit des Ich am Kinde; Peter Tradowsky, Von der Christus-Nähe des Kindes, Dornach 1983.

18 Viktor E. Frankl, ... trotzdem Ja zum Leben sagen. Ein Psychologe erlebt das Konzentrationslager, dtv. Taschenbuch 1998, S. 110. Siehe auch: Der unbewusste Gott, Psychotherapie und Religion, dtv. Taschenbuch.

19 Rudolf Steiner, Die Welträtsel und die Anthroposophie, GA 54, Dornach 1966, S. 40, die folgenden Zitate aus diesem Vortrag. Siehe dazu auch den Vortrag «Bruderschaft und Daseinskampf» im gleichen Band.

20 Ebenda, S. 52ff.

21 Ebenda, S. 96. Vortrag: Geisteswissenschaft und soziale Frage.

22 Ebenda, S. 97.

23 Rudolf Steiner, Früheste ausführliche Nachschrift von Rudolf Steiners Darstellungen des Michael-Ereignisses im Jahre 1879, München, 5. Dezember 1907. In: Beiträge zur Rudolf Steiner Gesamtausgabe 1879/1929, Hundert Jahre Michael-Zeitalter, Nr. 67/68, Michaeli 1979, S. 5f. Siehe dazu auch: Rudolf Steiner, Aus der Bilderschrift der Apokalypse des Johannes, GA 104a, Dornach 1991, S. 119: «Wir haben also das Devachan, die Astralwelt, die physische Welt und die untere Astralwelt. Diese untere Astralwelt ist auch diejenige, die sich heute unserer Entwicklung entgegenstellt. Sie wird regiert durch den Gott Mammon, das heißt den Geist der Hindernisse. Er ist eine Macht der unteren Astralwelt.»

24 Ebenda, S. 6.

25 Jürgen Streich, Kettenreaktionen, Eine kurze Geschichte der Atomrüstung, in: Claus Biegert (Hg.), Der Montag, der die Welt veränderte (rororo aktuell), Reinbek bei Hamburg, 1966, S. 38.

26 Rudolf Steiner, Das Ereignis der Christus-Erscheinung in der ätherischen Welt, GA 118, Dornach 1984, S. 24f.

27 Ebenda, S. 25f.
28 Ebenda, S. 27.
29 Ebenda, S. 28.
30 Ebenda, S. 29.
31 Ebenda, S. 29.
32 Ebenda, S. 30.
33 Zitiert nach: Harald Giersch, Rudolf Steiner über die Wiederkunft Christi, Dornach 1991, S.110.
34 Rudolf Steiner, Die Apokalypse des Johannes, GA 104, Nürnberg 1908, Dornach 1962.
35 Ebenda, S. 231.
36 Ebenda, S. 230.
37 Auf die Begegnung mit dem apokalyptischen Tier bin ich von anderen Gesichtspunkten schon eingegangen in dem Buch: «Christ und Antichrist», Dornach 1996, besonders S. 36ff.
38 Guido Knopp, Hitler – eine Bilanz, Berlin 1995, S. 31. Der hier gemeinte Vorgang hat sich gewiss auch an anderen Personen und anderen Orten vollzogen, z.B. deutlich an Stalin. Macht über Tod und Leben, Personenkult und Führerwahn sind die markanten Zeichen.
39 Karl Heyer, Wenn die Götter den Tempel verlassen, Freiburg im Breisgau, 2. Auflage 1947; Der Staat als Werkzeug des Bösen, Stuttgart, 3. Auflage 1965; Wesen und Wollen des Nationalsozialismus, Basel 1991.
40 Peter Tradowsky, «Aufs neue nach so langer Frist soll ich beschimpft, zertreten werden», Kaspar Hauser im Geisteskampf der Gegenwart, Dornach 1998, Kapitel: Die Tragödie des deutschen Volkes, S. 71ff.
41 Adolf Hitler, Mein Kampf, Erster Band, Ausgabe 1933, S. 406.
42 Rudolf Steiner, Die Kernpunkte der sozialen Frage, GA 23, Ausgabe 1920, S. 109.
43 Siehe hierzu: Peter Tradowsky, Christ und Antichrist, S. 43.
44 Rudolf Steiner, Das Schicksalsjahr 1923 in der Geschichte der Anthroposophischen Gesellschaft, GA 259, Dornach 1991, S. 861f.
45 Rudolf Steiner, Die Konstitution der Allgemeinen Anthroposophischen Gesellschaft und der Freien Hochschule für Geisteswissenschaft, GA 260a, Dornach 1966, S. 105.
46 Karl Heyer, Aus meinem Leben, Basel 1990, S. 65.
47 Hermann Kükelhaus, ... ein Narr der Held, Zürich 1964, S. 9.
48 Rudolf Steiner, Aus schicksaltragender Zeit, GA 64, Vortrag vom 14. Januar 1915.

49 Rudolf Steiner, Menschenschicksale und Völkerschicksale, GA 157, Dornach 1981, S. 106; Das Wesen des Christus-Impulses und seines dienenden michaelischen Geistes, 2 Vortr. Berlin, 17./19. Jan. 1915.

50 Ebenda, S. 86f.

51 Ebenda, S. 111.

52 Helmut von Moltke (1848–1916), Dokumente zu seinem Leben und Wirken, 2 Bände, Basel 1993.

53 Rudolf Steiner, Die Apokalypse des Johannes, GA 104, Dornach 1962, S. 140.

54 Ebenda, S. 140f.

55 Rudolf Steiner, Aus der Bilderschrift der Apokalypse des Johannes, GA 104a, Dornach 1991, S. 113.

56 Robert Kurz, Schwarzbuch Kapitalismus, Frankfurt am Main 1999.

57 Marion Gräfin Dönhoff, Warum ist das Fest so unbefriedigend? In: Die Zeit, 1999, Nr. 52; siehe auch: Marion Gräfin Dönhoff, Zivilisiert der Kapitalismus, Grenzen der Freiheit, Stuttgart 1997.

58 Rudolf Steiner, Der Tod als Lebenswandlung, GA 182, Dornach 1986, S. 153, Vortrag vom 9. Oktober 1918 in Zürich: Was tut der Engel in unserem Astralleib? Diese präzise Zeitangabe findet sich auch auf S. 159. Im ersten Teil des Vortrags wird ein größerer Zeitraum angesprochen: «Das Ereignis kann um ein Jahrhundert früher oder später kommen, aber eigentlich müßte es in das Gebiet der Menschheits-Entwicklung hereinkommen» (S. 147). Wenig später heißt es modifizierend: «Wie gesagt, je nachdem sich die Menschen verhalten, wird der Zeitpunkt früher oder später oder im allerschlimmsten Falle gar nicht eintreten» (S. 148).

59 Ebenda, S. 144ff.

60 Viktor E. Frankl, a.a.O., S. 108.

61 Wie 58, S. 152ff.

62 Rudolf Steiner, Wege zu einem neuen Baustil, GA 286, Dornach 1982, S. 110, Stuttgart, 7. März 1914.

63 Jacques Lusseyran, Gegen die Verschmutzung des Ich, Stuttgart 1972.

64 Wie 62, S. 111.

65 Harald Giersch, Rudolf Steiner, Über die Wiederkunft Christi, Dornach 1991, S. 110.

66 Peter Tradowsky, Christ und Antichrist, Dornach 1996, S. 22ff.

67 Peter Tradowsky, Kaspar Hauser oder das Ringen um den Geist, Dornach 1980, S. 89ff.

68 Siehe hierzu besonders die ausführlichen Darstellungen: Rudolf Steiner, Der innere Aspekt des sozialen Rätsels, Luziferische Vergangenheit, Ahrimanische Zukunft, GA 193, Dornach 1972, besonders Zürich, 27. Oktober 1919, und Bern, 4. November 1919, und Rudolf Steiner, Soziales Verständnis aus geisteswissenschaftlicher Erkenntnis, GA 191, Dornach 1989, Vorträge Dornach, 1. und 2. November 1919.
69 Rudolf Steiner, GA 193, S. 187.
70 Rudolf Steiner, GA 193, S. 195.
71 Hans Peter von Manen, in: Das Goetheanum, 74. Jahrgang, Nr. 47, 3. März 1996, S. 567ff.
72 Rudolf Steiner, GA 193, S. 166.
73 Ebenda, S. 174.
74 Ebenda, S. 174f.
75 Bewusste Anspielung auf Rudolf Steiners Buchtitel: Friedrich Nietzsche, ein Kämpfer gegen seine Zeit.
76 Wie 45, S. 35.
77 Rudolf Steiner, Geheimwissenschaft im Umriß, GA 13, Kapitel: Der Charakter der Geheimwissenschaft, und an vielen anderen Stellen.
78 Rudolf Steiner, Esoterische Betrachtungen karmischer Zusammenhänge, GA 240, Dornach 1966, S. 35, Vortrag Arnheim, 18. Juli 1924.
79 Siehe hierzu auch Peter Tradowsky, Johannes der Täufer und Lazarus-Johannes, Dornach 1995, Von der Wesenheit Rudolf Steiners, S. 73ff.
80 Rudolf Steiner, Michaels Sendung, GA 194, Dornach 1994.
81 Ebenda, S. 234f.
82 Ebenda, S. 235f.
83 Siehe hierzu z.B. Vortrag Berlin, 17. Januar 1915, in: Menschenschicksale, Völkerschicksale, GA 157, Dornach 1981, S. 89ff.
84 «Kampf um den russischen Kulturkeim», Ein fundamentaler Hinweis Rudolf Steiners, in: Der Europäer, März 1999, S. 3.
85 Rudolf Steiner, Esoterische Betrachtungen karmischer Zusammenhänge, GA 240, Dornach 1966, S. 114, Vortrag Torquay, 14. August 1924.
86 Ebenda, S. 30.
87 Ebenda, S. 55f.
88 Ebenda, S. 59.
89 Ebenda, S. 30.

90 Von einem anderen Gesichtspunkt hat Rudolf Steiner auf das 20. Jahrhundert zur Erfüllung von Aufgaben hingewiesen in dem Vortrag: «Was tut der Engel in unserem Astralleib?»

91 Ebenda, S. 35.

92 Ebenda, S. 55.

93 Rudolf Steiner, Der Tod als Lebenswandlung, GA 182, Dornach 1986, Vortrag Zürich, 16. Oktober 1918: «Wie finde ich den Christus?»

94 Wie Nr. 10, S. 272.

95 Aus der Fülle der Darstellungen Rudolf Steiners seien einige hervorgehoben:
- Der Christus-Impuls und die Entwicklung des Ich-Bewußtseins, GA 116.
- Von Jesus zu Christus, GA 131.
- Erfahrungen des Übersinnlichen. Die drei Wege der Seele zu Christus, GA 143.
- Wie kann die Menschheit den Christus wiederfinden?
- Das dreifache Schattendasein unserer Zeit und das neue Christus-Licht, GA 187.
- Die neue Geistigkeit und das Christus-Erlebnis des zwanzigsten Jahrhunderts, GA 200.

96 Rudolf Steiner, Die Geheimwissenschaft im Umriß, a.a.O., S. 393.

97 Rudolf Steiner, Der Tod als Lebenswandlung, GA 182, S. 180f.

98 Ebenda, S. 182.

99 Wie 45, S. 35.

PETER TRADOWSKY
IM VERLAG AM GOETHEANUM

«Eh das Jahrhundert schließt ...»
Ein Beitrag zum Verständnis der Gegenwart
3., erw. Aufl. 1996, 67 S., Kt, ISBN 3-7235-0670-4

Christ und Antichrist
Von den Erkenntnisaufgaben für das Jahrhundertende
2. Aufl. 1997, 139 S., Kt, ISBN 3-7235-0971-1

«Aufs neue nach so langer Frist soll ich beschimpft, zertreten werden»
Kaspar Hauser im Geisteskampf der Gegenwart
1998, 156 S., Kt, ISBN 3-7235-1005-1

Kaspar Hauser – oder das Ringen um den Geist
Ein Beitrag zum Verständnis des 19. und 20. Jahrhunderts
3. Aufl. 1983, 287 S., Abb., Gb, ISBN 3-7235-0290-3

Demetrius
im Entwicklungsgang des Christentums
1989, 469 S., Abb., Gb, ISBN 3-7235-0540-6

Johannes der Täufer und Lazarus-Johannes
Vom Quell der Entwicklung
1995, 102 S., Abb., Gb, ISBN 3-7235-0922-3